LA

RÉFORME SUCCESSORALE

ET

SES CONSÉQUENCES PRATIQUES

PAR

Ph. de MONTRAVEL

JUGE DE PAIX A CARPENTRAS

LA TERRE LIBRE — PLUS D'IMPOT FONCIER
— EXTINCTION DE LA DETTE PUBLIQUE — DOTATION DE TOUS
LES FRANÇAIS A LEUR NAISSANCE ET A LEUR MARIAGE
— TOUS LES FRANÇAIS PROPRIÉTAIRES,
CAPITALISTES OU RENTIERS — EXTINCTION DU PAUPÉRISME

« Il n'y a si mauvais
« livre où l'on ne puisse ap-
« prendre quelque chose. »
PLINE.

Prix : **2** *francs.*

AVIGNON
SEGUIN FRÈRES, IMPRIMEURS-ÉDITEURS
13, rue Bouquerie, 13
—
1880

LA

RÉFORME SUCCESSORALE

ET

SES CONSÉQUENCES PRATIQUES

L A

RÉFORME SUCCESSORALE

ET

SES CONSÉQUENCES PRATIQUES

PAR

Ph. de MONTRAVEL

JUGE DE PAIX A CARPENTRAS

LA TERRE LIBRE — PLUS D'IMPOT FONCIER
— EXTINCTION DE LA DETTE PUBLIQUE — DOTATION DE TOUS
LES FRANÇAIS A LEUR NAISSANCE ET A LEUR MARIAGE
— TOUS LES FRANÇAIS PROPRIÉTAIRES,
CAPITALISTES OU RENTIERS — EXTINCTION DU PAUPÉRISME

« Il n'y a si mauvais
« livre où l'on ne puisse ap-
« prendre quelque chose. »
            PLINE.

AVIGNON

SEGUIN FRÈRES, IMPRIMEURS-ÉDITEURS

13, rue Bouquerie, 13

1880

NOUVEAU RÉGIME SUCCESSORAL

« Les successions sont transmises par la
« force de la loi ou par la volonté de l'homme.
   « Les premières s'appellent *légitimes*, parce
« qu'elles font passer les biens dans l'ordre
« voulu par la loi. Elles forment la règle géné-
« rale.
   « Les secondes, qu'on nomme *successions*
« *testamentaires*, ne sont aujourd'hui que des
« exceptions que la volonté de l'homme ap-
« porte à cette règle générale. »

ROGRON.

Désormais l'exception deviendra la règle.
La volonté de l'homme primera la force de la
loi.

PROJET DE LOI

ARTICLE 1er.

La succession de quiconque décède *ab intestat*
sans héritiers directs, ascendants ou descendants,
ne laissant ni conjoint, ni enfants naturels recon-
nus, ni frères, ni sœurs, est acquise de droit à
l'État.

ARTICLE 2.

La loi nouvelle réduit au 2me degré le droit
successible dans la ligne collatérale.

1

ARTICLE 3.

Au cas de décès *ab intestat* sans descendance ou ascendance directe, le conjoint survivant hérite de droit de la moitié de la totalité de la succession du *de cujus* ; — s'il existe des ascendants, la moitié de la totalité de la succession du défunt leur revient de droit ; — si le défunt ne laisse pas de conjoint, la totalité de sa succession est partagée entre les ascendants et les frères et sœurs du défunt, — et, s'il n'existe aucun ascendant, la totalité de la succession du défunt est de droit déférée ou partagée à ses frères et sœurs.

ARTICLE 4.

Une loi déterminera l'affectation à donner aux héritages échus à l'État.

ARTICLE 5.

Tout article de loi contraire aux dispositions qui précèdent est abrogé.

ARTICLE 6.

La présente loi sera exécutoire un an après la date de sa promulgation.

Des obligations dérivant du nouveau régime
successoral, pour les collatéraux du 1er au 2e degré.

ARTICLE 1er.

De même que les enfants doivent des aliments
à leurs père et mère et autres ascendants qui sont
dans le besoin ; de même les frères et sœurs
doivent des aliments à ceux de leurs parents
dont la loi successorale nouvelle les déclare
héritiers de droit.

Les obligations résultant de ces dispositions
sont réciproques, et les aliments sont accordés
dans la proportion du besoin de celui qui les
réclame et de la fortune de celui qui les doit.

Les articles 209, 210 et 211 du Code civil sont
applicables, dans les mêmes circonstances, entre
collatéraux du premier au deuxième degré.

MODE SUCCESSORAL ACTUEL

MODE SUCCESSORAL NOUVEAU

MODE SUCCESSORAL
ACTUEL

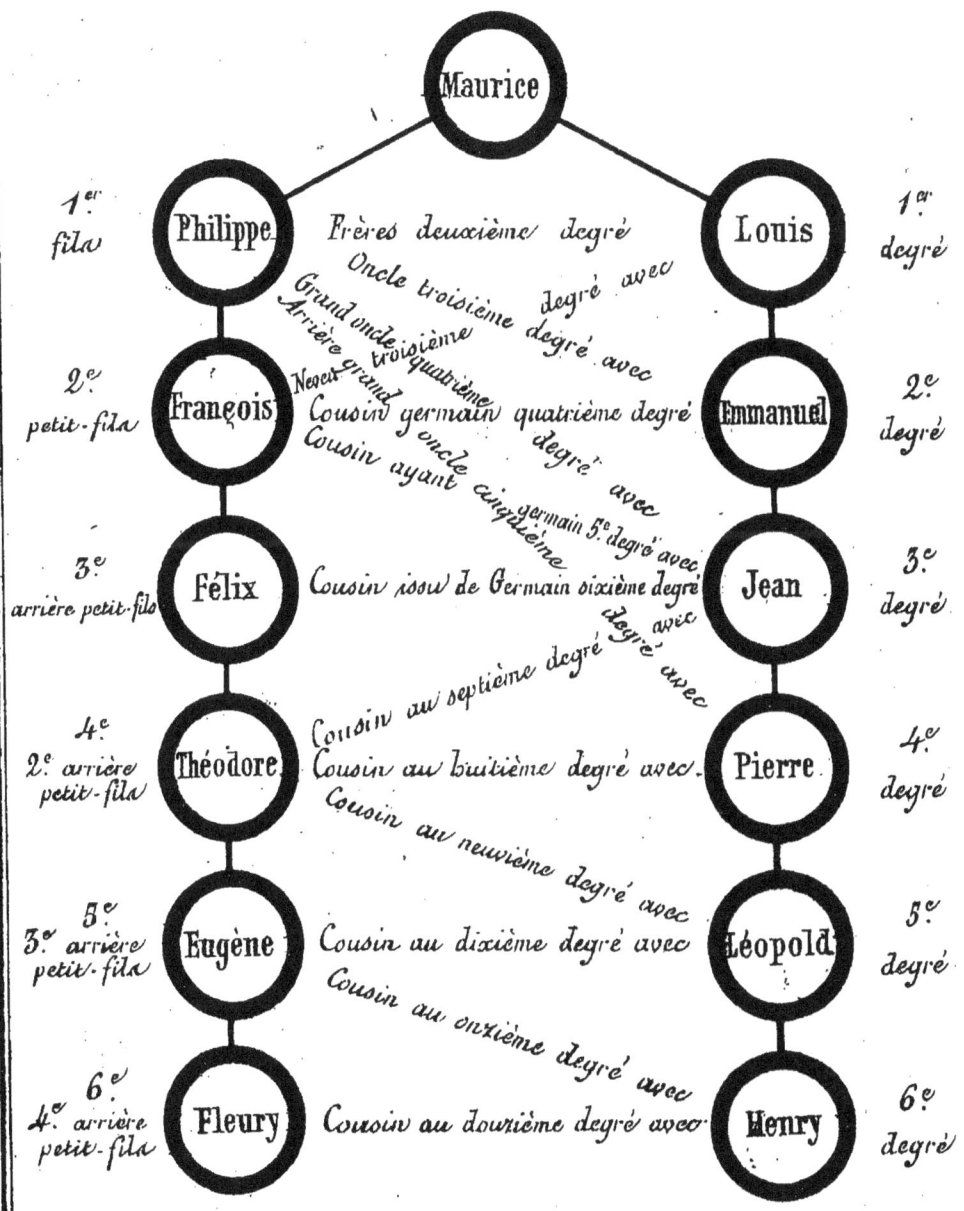

Maurice

1er fils — Philippe — Louis — **1er degré**

Frères deuxième degré

Oncle troisième degré avec

Grand oncle troisième degré avec

Arrière grand oncle troisième degré

2e petit-fils — François — Emmanuel — **2e degré**

Neveu quatrième degré

Cousin germain quatrième degré avec

Cousin ayant oncle germain 5e degré avec

3e arrière petit-fils — Félix — Jean — **3e degré**

Cousin issu de Germain sixième degré avec

germain cinquième degré avec

Cousin au septième degré avec

4e — 2e arrière petit-fils — Théodore — Pierre — **4e degré**

Cousin au huitième degré avec

Cousin au neuvième degré avec

5e — 3e arrière petit-fils — Eugène — Léopold — **5e degré**

Cousin au dixième degré avec

Cousin au onzième degré avec

6e — 4e arrière petit-fils — Fleury — Henry — **6e degré**

Cousin au douzième degré avec

MODE SUCCESSORAL
NOUVEAU

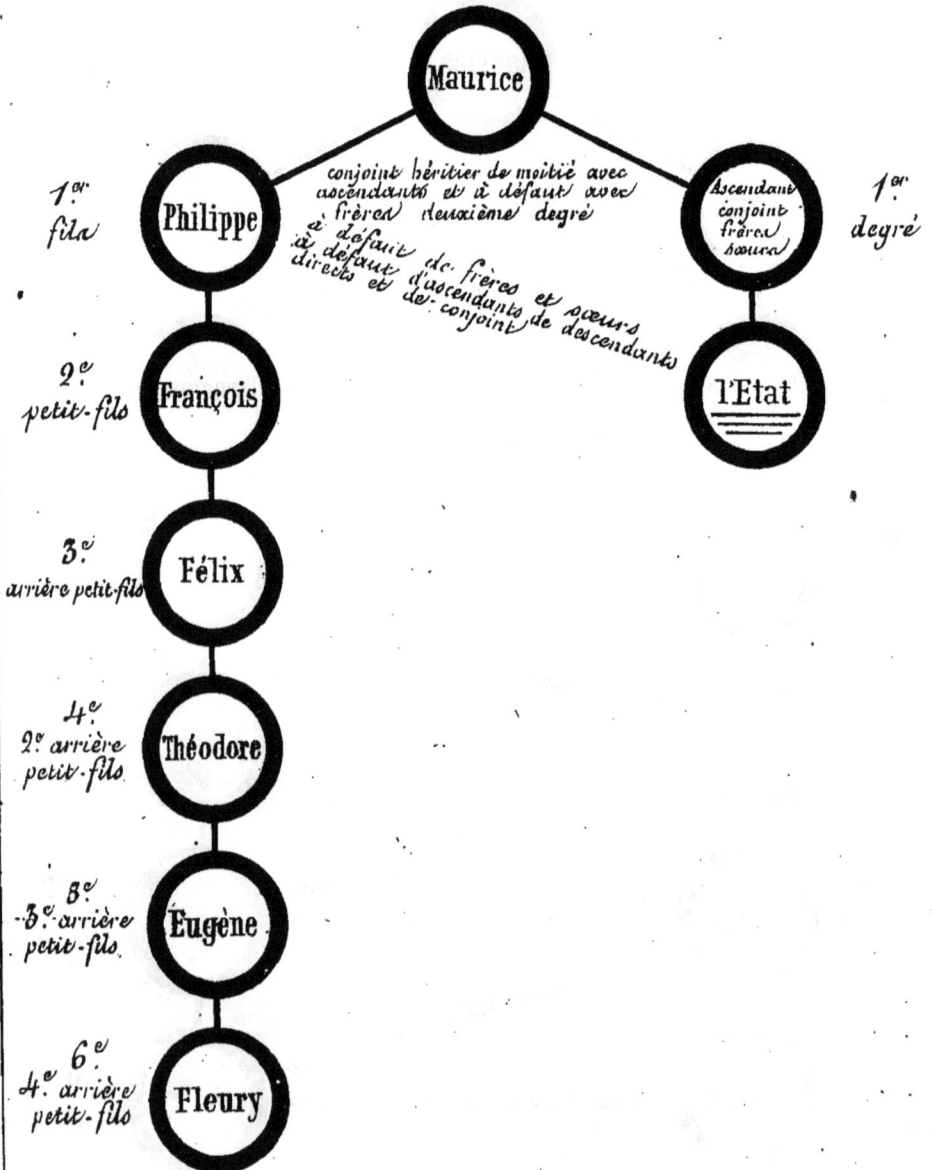

Maurice

conjoint héritier de moitié avec ascendants et à défaut avec frères deuxième degré

à défaut de frères et sœurs à défaut d'ascendants de conjoint de descendants directs et de conjoint de descendants

Philippe — *1er fils*

François — *2e petit-fils*

Félix — *3e arrière petit-fils*

Théodore — *4e 2e arrière petit-fils*

Eugène — *5e 3e arrière petit-fils*

Fleury — *6e 4e arrière petit-fils*

Ascendant conjoint frères sœurs — *1er degré*

l'Etat

PREMIÈRE PARTIE

LA RÉFORME SUCCESSORALE

Introduction au projet.

A l'ordre des successions, directes ou collatérales, établi par la loi des *Douze Tables*, par la loi *Falcidie*, par le Sénatus Consulte *Trebellianique*, par le Code *Justinien* et toutes les lois et coutumes mentionnées dans le *Digeste* et les *Institutes* de l'empereur Justinien, plusieurs changements ont été faits à diverses époques, par des édits et ordonnances en matière successorale.

La Loi des *Douze Tables*, qui fut faite par les Romains dans les premiers temps de la République, n'avait qu'imparfaitement réglé l'ordre de succession ; d'où est venu que le Préteur fut obligé de proposer des édits qui contiennent des dispositions plus avantageuses aux familles. Mais, sans remonter à cette antiquité, dont la curieuse recherche pourrait fatiguer, il suffit de rappeler le nouveau droit établi par la *Novelle* 118 de l'empereur Justinien.

Selon cette jurisprudence, toute succession *ab intestat* ne reconnaît que *trois degrés* : celui des descendants, qui sont en premier ; celui des ascendants, qui sont en second, et celui des collatéraux, qui ne succèdent qu'à défaut des autres.

Il serait trop long d'énumérer ici toutes les variantes et toutes les innovations qui se sont succédé depuis cette époque dans le mode successoral ; citons seulement quelques exemples de ces variations.

1° Soit à l'égard de la succession des descendants, donnant, en vertu de coutumes passées en pratique et ayant force de loi, un préciput ou droit d'aînesse à l'aîné des enfants dans les fiefs.

2° Soit à l'égard de la succession des ascendants aux descendants, en ce qui résulte de la règle *Paterna paternis, materna maetrnis ;* c'est-à-dire en ce qui était observé, que les pères et mères et autres ascendants ne succédaient point aux héritages de leurs enfants décédés qui leur étaient propres d'une autre ligne.

3° Soit à l'égard des successions collatérales, chaque province ayant adopté des coutumes à ce sujet, lesquelles comportaient des dispositions particulières ; certaines n'ayant, par exemple, aucun égard au double lien, comme celle de Paris aux articles 340 et 341 ; d'autres où le double lien a lieu même au-delà des enfants de frères ; quelques-unes ayant rejeté le droit de représentation, et d'autres l'admettant jusqu'à l'infini.

Aux termes du titre 5 du livre III des Institutes de Justinien, intitulé : *De successione cognatorum*, il est dit :

Nunc admonendi sumus admitti aliquem ad hæreditatem, etsi decimo gradu sit. »

Les successions vont à l'infini; c'est-à dire qu'un parent, non-seulement *au dixième degré, mais au centième degré,* s'il ne s'en trouvait pas de plus proche, était en droit de succéder et d'exclure *le fisc ou le seigneur.* — (Maynard, livre 6, chap. 99, Louet et Brodeau, lettre F, chap. 21.

Larousse, dans son grand Dictionnaire, tome 14, page 1183, au mot succession, dit :

« Justinien suivit, dans la dévolution de l'hérédité,
« l'ordre présumé des affections du *de cujus*, en faisant dé-
« pendre le droit de succéder uniquement de la proximité
« du degré et en faisant disparaître toute prééminence de
« la parenté paternelle et masculine sur la parenté ma-
« ternelle et par les femmes.

« Le Code civil a suivi, en général, les mêmes erre-
« ments ; mais la Novelle 118, il faut le reconnaître, réa-
« lisait d'une manière plus complète le principe de l'éga-
« lité et le vœu présumé des affections. Elle s'attachait
« exclusivement à la proximité du degré de parenté, elle
« n'opérait aucune division de l'hérédité entre les parents
« paternels et maternels, les plus proches, quelle que fût la
« ligne à laquelle ils appartinssent, succédaient seuls, à
« à l'exclusion des moins proches ; ils succédaient par
« tête, s'ils étaient parents au même degré, sauf le mouve-
« ment ascendant, de degré en degré, dans les cas où il
« y avait lieu à représentation.

« Le système du Code civil a compromis la règle de la
« préférence due à la proximité, et il a interverti lui-
« même l'ordre des affections présumées, en disposant
« que toute *hérédité dévolue à des ascendants ou à des des-*
« *cendants, ou à des collatéraux* doit être divisée en deux
« moitiés, dont l'une est attribuée aux héritiers de la ligne
« paternelle et l'autre aux héritiers de la ligne mater-
« nelle. Dans ce système, en effet, il peut arriver, et il
« arrive journellement, *qu'un parent d'un degré très éloigné,*
« *appartenant à la ligne paternelle, prenne seul la moitié*
« *afférente à sa ligne ; pendant que dans la ligne maternelle*
« *un parent d'un degré plus proche ne succèdera pas du tout,*
« *par la raison qu'il se trouve primé dans sa propre ligne par*
« *un autre parent d'un degré plus rapproché encore que le*
« *sien. Le Code a sacrifié ici le principe de la dévolution*
« *d'après l'ordre des affections présumées au désir de rester*
« *fidèle à une ancienne tradition de notre droit coutumier.*

« L'article 733 est encore une imitation inintelligente
« de la règle *Paterna paternis, materna maternis*. Cette
« règle se recommandait par une certaine justice, puis-
« qu'elle restituait à chaque ligne les biens qui en étaient
« originairement provenus. Le Code au contraire ne fait
« qu'une masse unique de la totalité des biens hérédi-
« taires ; après quoi il divise en deux moitiés cette masse
« homogène, l'une pour les parents paternels, l'autre
« pour les parents maternels : or il peut fréquemment
« arriver que le *de cujus* ait reçu tout ce qu'il possède de
« ses ascendants d'un seul côté et n'ait rien recueilli dans
« l'autre ligne. La division lignagère, en pareil cas, blesse
« l'équité ; elle a l'inconvénient de déranger l'ordre de

« dévolution par proximité de degré, et cet inconvénient
« n'est compensé, la plupart du temps, par aucun intérêt
« de justice. »

Parmi les réformes de Justinien, rappelons celle d'un si grand intérêt qui forme l'objet de sa Novelle 117, attribuant au conjoint pauvre une part dans la succession de l'époux prédécédé, part qui lui était assurée en concours avec tous les ordres d'*héritiers*, sans en excepter les enfants succédant au conjoint défunt.

N'est-il pas regrettable que cette disposition, commandée par l'humanité et par les bienséances, n'ait pas été reproduite dans le code civil ? Nous reviendrons sur ce sujet dans le cours de cette étude, et déjà le lecteur aura remarqué sur le tableau de la page 2, *Mode successoral nouveau*, le rang d'hérédité attribué au conjoint, et à l'article 3 du projet de loi, la part lui revenant.

Le *Code civil français* a fixé au douzième degré le droit successoral et déclaré que, passé ce degré, lorsque le défunt est mort *ab intestat*, la succession, étant en déshérence, est attribuée à l'État.

C'est là le droit actuel exercé au bénéfice de l'État, dans les conditions édictées aux articles 723, 755, 768 et 811 du Code civil, droit anciennement bien rarement exercé, à cause du peu de faveur du fisc en cette matière, droit connu jadis sous le nom de déshérence, *deficientibus hæredibus*.

C'est une règle de notre Droit français, qu'en ligne collatérale, comme en ligne directe, *le mort saisit le vif*, son plus prochain héritier habile à lui succéder, soit de son chef, soit par représentation.

Mais cette représentation se règle selon les coutumes. Or ces coutumes ont souventes fois varié en tout pays, et notamment en France, jusqu'à la promulgation du Code Napoléon.

Autrefois chaque province avait des coutumes différentes les unes des autres, d'où naissaient de nombreux et souvent d'inextricables et interminables procès.

La législation française actuelle a nivelé, égalisé et uniformisé les règles et les droits en matière de succession ; or, en réduisant comme elle l'a fait le degré successible, n'est-on pas forcé de reconnaître et d'affirmer (si toutefois il est permis d'employer en parlant de la loi une expression irrévérencieuse) qu'il y a eu réellement en ce fait, *spoliation*, par l'État et en sa faveur, des droits jusqu'alors acquis et dévolus aux héritiers collatéraux du treizième au centième degré ?

Mais le législateur de 1804 se crut fondé à agir de la sorte en considérant qu'une parenté au *delà du douzième degré* pouvait bien être réputée exister platoniquement à l'état de sentiment, pratiquement utile à constater à l'origine d'un nom. d'une souche commune, d'un héritage glorieux, bon à perpétuer dans le souvenir des annales de famille, et à illustrer le rameau d'une vieille et défunte souche ; mais que cette lointaine, traditionnelle et généalogique parenté d'origine n'était plus propre à former un titre et un droit sérieux à la succession d'un fils de Noé !

Qu'on l'observe bien cependant, lors de l'apparition du titre des successions, le chapitre dont nous nous occupons précisément en particulier donna lieu à de vives récriminations, et nous voyons qu'il fut grandement attaqué par la presse et même par d'éminents jurisconsultes ;

« Ce système, en effet, disait Toullier (tome IV, n° 148),
« a le défaut de n'avoir aucun but déterminé, aucun esprit
« qui lui soit propre ; il réunit les inconvénients reprochés
« au système *du droit écrit et du droit coutumier*, sans

« présenter aucun de leurs avantages : il ne conserve pas
« les biens de ces familles comme le droit coutumier ;
« il les en fait sortir comme le droit de Justinien, et il
« n'a même pas, comme ce dernier, l'avantage de toujours
« préférer le plus proche parent, puisqu'il appelle malgré
« la présence de ce dernier des collatéraux très-éloignés
« (art. 733, 753. »

Les choses furent même poussés tellement loin à cet
égard, que le président Maleville, l'un des auteurs du
Code Napoléon, se crut dans l'obligation de disculper
ses collègues et lui-même des reproches incessants qu'on
leur adressait à propos de cette partie de leur œuvre :

« Nous étions, dit-il, dans un *état d'amphibie* qui lais-
« sait beaucoup d'incertitude sur l'espèce de gouverne-
« ment qui serait plus tard adoptée et chacun opinait,
« *sans dire trop ouvertement ses motifs intérieurs* ; et, ajou-
« te-t-il, *il est probable que, si le Code Civil avait été fait*
« *plus tard, les lois auraient pris sur ces grandes questions*
« *une marche plus assurée.* » (Voyez Hureau, *Traité du*
droit des Successions, tom. 1er, pag. 75.

Néanmoins, en dépit des partisans, toujours nombreux de l'opposition, la pensée du législateur finit par
prévaloir, et le projet fut adopté ; ce fut assûrement un
pas fait en avant, un progrès vraiment grand accompli
à cette époque où les lois romaines gouvernaient presque
toutes encore la France. Mais le *Code Napoléon* date déjà
de près d'un siècle ; n'est-il point l'heure d'accentuer ce
mouvement en faisant des lois plus en rapport avec l'état
présent de nos mœurs ?

On peut dire justement, croyons-nous, que, si au moment où l'on prit cette détermination, assurément fort
importante eu égard au changement notable qu'intro-
duisait le nouveau système, mais qui, en somme, n'était
qu'une *demi-mesure*, ainsi que nous allons le prouver,
c'est que l'on n'osa pas cependant en un seul jour rom-

pre complètement en visière avec les traditions du passé.
Mais, si tel a été le grand motif qui a arrêté les refor-
mateurs dans leur œuvre ; si (qu'on nous permette de le
dire franchement), par concession aux idées et aux préju-
gés qu'entraîne toujours à sa suite un long et constant
usage, on n'a pas osé être *logique jusqu'au bout* et on a
cru devoir pour quelque temps s'interrompre dans une
pareille marche, voici enfin venu le moment de mettre
d'accord les idées avec la logique et la raison et de *par-,
faire, en la continuant simplement*, la grande pensée
novatrice des premiers réformateurs.

Quoi qu'on dise en effet, il est un grand axiome qu'on
ne peut méconnaître ni s'empêcher de répéter : *A d'autres temps, d'autres mœurs*. D'autres lois, d'autres charges, d'autres obligations et d'autres devoirs incombent
et s'imposent aux gouvernements.

Autrefois, que donnait l'État aux citoyens ? Répan-
dait-il l'instruction, s'occupait-il de créer dans les cam-
pagnes des routes et des canaux, sillonnant comme aujourd'hui tout le territoire ?

En quoi les moyens de locomotion ressemblaient-ils
alors à ceux de nos jours ? Les galères romaines peuvent-
elles supporter la comparaison avec nos pyroscaphes, nos
vaisseaux de ligne et nos monitors ?

Les ponts, les édifices publics parsemés sur tous les
points du territoire ne sont sans doute ni plus grandio-
ses, ni plus admirables que les monuments qui nous at-
testent la grandeur et la civilisation romaines ; mais c'était
alors dans les grandes villes que se rencontraient seulement les magnificenses architecturales et les grandes
voies dont nous pouvons encore admirer les ruines ; alors

que de nos jours il n'est plus de hameaux où l'on ne trouve des routes viables et des œuvres d'art.

Tout a bien changé depuis deux mille ans, le langage, les mœurs, la nationalité.

Le progrès des sciences a bouleversé la routine des anciens systèmes.

Si l'empereur Justinien ressuscitait de nos jours, en quel étonnement et quelle stupéfaction serait-il de retrouver son Code et ses Novelles, à peine revus et corrigés, presque littéralement encore pratiqués et toujours enseignés en France par les doctes professeurs de nos facultés ?...

Nostradamus en face d'Arago pourraient-ils se regarder sans rire ?...

Eh bien, tout s'étant transformé depuis des siècles, pourquoi les mêmes lois nous régissent-elles et comment la logique ne dicte-t-elle point aux législateurs de nouvelles dispositions conformes à notre état actuel ?

Pourquoi tarder à réformer l'arche vermoulue, contenant une série de lois, d'arrêts, d'édits, d'ordonnances, formant une jurisprudeuce si peu en harmonie avec nos mœurs, nos besoins, notre civilisation, notre constitution politique, notre régime progressiste, nos aspirations d'indépendance, de liberté et de sage égalité ?...

Paillet, dans son introduction du *Manuel du Droit Français*, dit avec raison :

« La plupart de nos lois sont en arrière de la brillante
« civilisation où nous sommes arrivés.

« Des lois qui étaient bonnes pour le temps où elles ont
« été faites sont détestables aujourd'hui, si elles ne sont
« pas en harmonie avec les nouveaux besoins, les nou-
« velles mœurs et les nouveaux intérêts.

« *En les révisant on satisferait aux nécessités nationales*
« *et on remplirait un grand devoir.*

« Les meilleures lois n'ont qu'un mérite contemporain
« et relatif ; celles d'un siècle ne peuvent convenir à un
« autre siècle, ni celles d'un peuple à un autre peuple,
« car les âges et les nations ne se ressemblent point, et la
« règle, sage pour l'ordre des choses auquel elle a été
« destinée, ne l'est plus pour un ordre de choses différent.
« La nature seule est immuable dans ses lois, l'homme
« ne peut l'être dans les siennes : tout change autour des
« lois humaines, tout change autour de l'homme ; lui-
« même éprouve une mutation continuelle : ses besoins
« augmentent, ses habitudes varient, ses mœurs se renou-
« vellent.
« Les lois ne sont bonnes qu'autant qu'elles parlent
« comme la raison, et la raison éternelle veut qu'on ne
« conserve et qu'on ne donne aux peuples que les lois
« qui leur conviennent ; on ne pourrait plus gouverner
« Rome avec la loi des Douze Tables, ni la France avec
« les lois Saliques, Ripuaires et Gombettes. »

Et plus loin Paillet ajoute :

« *Les lois de Justinien gouvernent encore le monde* » !...

En effet la loi romaine, jusqu'à la promulgation du
Code Napoléon, partout en France était supposée comme
la loi commune. Elle y était appelée, tantôt la *Loi* simplement, tantôt la *mère* de toutes les lois humaines,
humanarum mater legum !

« Pour faire régner la justice, dit le roi Louis XIV,
« dans un de ses Édits, nous avons cru ne pouvoir rien
« faire de plus avantageux pour le bonheur de nos su-
« jets, que de donner à ceux qui se destinent à ce minis-
« tère la doctrine et la capacité nécessaire en leur im-
« posant la nécessité de s'instruire des principes de la ju-
« risprudence romaine. Ayant d'ailleurs reconnu que
« l'incertitude des jugements, qui est si préjudiciable à la
« fortune de nos sujets, provient principalement de ce
« que l'étude du Droit romain a été négligée et que la
« profession publique en a été discontinuée dans l'Uni-
« versité de Paris. » — (Page XV. Préface aux *Institutes*
« *de l'empereur Justinien conférées avec le Droit français,*
« par François de Boutaric. »

Or à l'époque actuelle, nous estimons que (pour re-
venir sur les derniers mots du Président Maleville, que

nous avons cités) *il est assez tard pour faire prendre aux lois sur ces grandes questions leur marche logique et véritable.* — Oui, de nos jours, l'opinion publique nous paraît mûre pour une réforme successorale plus radicale. Cette réforme nous apparaît comme un besoin des temps, comme une nécessité de notre époque. Elle s'impose à tous, comme une émanation virile de l'état de civilisation, d'instruction, de progrès, de nos mœurs actuelles. En un mot la transition voulue par les législateurs de 1804 est à tous égards pleinement suffisante, et c'est précisément cette certitude qui nous rend fort et confiant dans l'exécution de notre œuvre. Car, qu'on le sache bien, telle que nous l'avons envisagée tout d'abord, la réforme successorale est apparue à notre esprit sous bien des aspects divers, et, après avoir étudié consciencieusement les conséquences et la portée de ce changement de la législation, nous nous sommes demandé plus spécialement s'il n'y aurait pas témérité à nous de porter la main sur un édifice que tant de générations ont respecté et qui est demeuré debout à travers les siècles qui ont vu disparaître tant de nationalités et de peuples divers !

Avant de confier une seule de nos pensées au papier sur lequel nous essayons aujourd'hui de noter nos impressions et de donner un corps à notre œuvre, notre premier souci a été de considérer quelle était la *source*, l'*origine* et la *légitimité* du droit successoral tel qu'il existe aujourd'hui, tel qu'il a existé dans les temps anciens, tel en un mot qu'il a été dès l'*origine du droit.*

Or nous examinerons dans un instant ce principe fondamental de toute succession, et nous montrerons comment précisément des divers points de vue sous lesquels a été envisagé ce fondement originaire sont nés les différents systèmes de successions qui se sont déroulés dans la suite des temps. Mais, avant d'en venir là, nous tenons à bien montrer que, de l'examen seul de ces législations qui ont différé avec les temps et avec ceux qui les appliquaient, découle cette conclusion nette et indéniable, que, suivant les temps, les lieux et les circonstances, nous ne disons pas le *droit de transmettre* (*celui-là est de droit naturel* et l'État n'a rien à y voir), mais le *droit des héritiers* a varié, et qu'en fait, soit qu'il appartienne à l'État, soit qu'il résulte de constants usages ou de coutumes passées en force de loi, le droit successoral n'est point identique au droit de propriétaire légitime, de propriétaire de droit ; que c'est plutôt une propriété dérivant d'une tolérance de l'État, ou d'une disposition de la loi, que le collatéral tient son droit ; que ce droit n'est point immuable, sacré, comme celui du possesseur de fait, et qu'enfin un collatéral n'est réellement en possession que grâce et en vertu d'un *aléa*, qui peut lui enlever légalement demain le *privilège* dont il jouit légalement aujourd'hui, et à l'appui de cette thèse nous pourrions citer le baron de Puffendorf, qui s'exprime ainsi dans son *Droit de la nature et des gens*, liv. IV, page 337 :

« Dans l'indépendance de l'état de nature chacun « conserve ou transporte à autrui comme il l'entend la « propriété de ce qu'il possède ; mais dans les sociétés « civiles, où chacun est maintenu dans la jouissance pai- « sible de ses biens par les forces réunies de tout le corps, « on règle ordinairement et l'on borne ce droit en diffé- « rentes manières, selon qu'il paraît être de l'intérêt de « chaque état en particulier... »

Que l'on remarque bien le sens de ces derniers termes. Ce n'est donc pas une spoliation ressemblant aucunement à une confiscation, ni résultant de l'application par l'État d'un droit imaginaire, et par suite injuste et arbitraire, que notre réforme successorale peut innover. Il faut bien le remarquer, en effet, nous ne touchons nullement à la liberté qu'a chacun de transmettre son bien par testament. C'est là un droit naturel et incontestable, l'État n'a même pas le droit de fixer la limite dans laquelle on peut tester ; mais il lui incombe d'établir les *formes* et les *règles* par lesquelles doit s'exercer ce droit, et il en a toujours usé.

Évidemment l'État commettrait une injustice criante s'il disait au possesseur du patrimoine : « Vous n'en disposerez qu'en faveur de telles ou telles personnes. » Mais en l'espèce l'État laisse le propriétaire aussi libre d'exercer son droit de tester que le laissait le législateur de 1804 ; il ne le dépouille nullement des privilèges que lui confère son droit de propriété ; seulement, dans le cas où le propriétaire néglige de spécifier les personnes auxquelles il veut laisser son patrimoine, l'État, dans notre système, s'attribue les biens du défunt au cas d'absence d'ascendants ou descendants, de conjoint et de frères ou sœurs du *de cujus*.

C'est là tout simplement ce que nous tenons bien à prouver et ce que nous voulions nous démontrer à nous-même avant d'oser parler du projet de réforme dont nous nous occupons.

Cette obsession qui nous avait tout d'abord envahi l'esprit se présentait à nous sous cette formule : « N'est-ce point une injustice que d'enlever aux collatéraux du troisième degré leurs droits successifs ? » Cette question résolue et élucidée par l'examen des chartes du passé, nous n'avons plus hésité à formuler nos projets de réforme, et nous sommes entré immédiatement dans l'examen de toutes ses conséquences et de sa portée, assuré que notre proposition n'était nullement contraire à l'équité et à la justice.

Nous l'avons reconnue utile en ce qu'elle ne lésait aucune liberté, en ce qu'elle était aussi rationnelle qu'opportune, ne compromettant ni l'intérêt du possesseur ni celui de ses descendants et n'attentait enfin en aucune façon à l'autonomie de la famille.

La Famille, en effet, tel est incontestablement le seul véritable fondement de tout système successoral. Or, étant bien posé en principe qu'au seuil de la famille vraiment digne de ce nom doit s'arrêter la succession *ab intestat,* il importe de bien approfondir l'organisation et l'extension de la famille.

Avant cependant d'entrer par cet examen au cœur de la question, qu'on nous permette de faire entrevoir dans un aperçu succinct et rapide le *mécanisme pratique,* si l'on peut s'exprimer ainsi, et la portée de notre système ; par suite, les nouvelles obligations du possesseur de biens, soumis, en cas de non-postérité directe, de non-existence de conjoint ou de frères et sœurs, à disposer de ses biens par donation, vente, cession ou testament, sous peine de voir ses biens tomber aux mains de l'État ; enfin les conséquences qui peuvent résulter de ce régime pour l'État et la société tout entière.

On a vu dans l'exposé que nous en avons fait ci-dessus, d'une part, les articles édictant les dispositions de la réforme des droits successoraux, d'autre part les deux tableaux intitulés : *Mode actuel successoral* et *Mode nouveau,* placés au commencement de cette étude, tableaux indiquant mieux que de longues explications la simplicité et la base de notre projet de réforme successorale.

Quelle est donc sa *portée* et son *intérêt* au point de vue de l'État et de la société ?

La Réforme Successorale au point de vue de l'intérêt de l'État et la Société.

Autrefois les successions tombées en déshérence étaient l'apanage du roi ou des seigneurs.

En ce temps-ci et au cas dont il s'agit, c'est la société tout entière qui hériterait et bénéficierait chaque année des valeurs mobilières et immobilières abandonnées par leurs possesseurs au profit de l'État.

De ce fait, les riches paieraient moins d'impôts ; les pauvres pourraient mieux être aidés et secourus par l'État; les terres recueillies chaque année par l'État seraient vendues et adjugées par petites parcelles de façon à permettre au moins fortuné de devenir propriétaire.

Le pauvre devenu propriétaire d'un petit champ s'attacherait à le cultiver, à lui faire produire le plus possible ; devenu propriétaire, il demeurerait au village, n'émigrerait plus dans les villes, où le tuent la misère, les privations de toutes sortes et où se corrompent à la fois son corps et son âme.

La terre inféodée au paysan rendrait à l'agriculture les bras qui commencent à lui manquer.

En ce temps, la France a moins besoin de soldats que de bons agriculteurs, et, la patrie aurait-elle besoin de soldats, ce sont les robustes enfants des champs qui, mieux que la jeunesse étiolée des villes, sauraient constituer les phalanges les plus aptes à défendre le territoire et à maintenir les glorieuses et héroïques traditions militaires de la France.

Aux enfants appartient de droit le nom de leur père,

ils doivent également succéder aux biens de leurs parents, il est juste et naturel que les frères succèdent également aux frères ; là doit s'arrêter le droit successible, car à ces degrés de parenté, la loi civile actuelle, d'accord avec la loi morale et religieuse, interdit les alliances et punit, flétrit et prohibe les violations monstrueuses de la loi naturelle, commune à tous les hommes civilisés.

Le même nom, le même sang est commun aux enfants du même père ; il est donc logique qu'aucune démarcation, qu'aucune prohibition successorale ne rompe cette union et ce lien du sang; car, suivant l'axiome *Cor unum et anima una*, à ces divers degrés tous les membres de la famille sont indissolublement unis et ne font vraiment qu'un.

De l'oncle à la nièce, du neveu à la tante, des divers degrés de parenté au dessous de ceux-là, la loi civile et la loi religieuse tolèrent et autorisent entre eux les alliances.

Pourquoi ces prohibitions et ces tolérances existent-elles dans la loi civile et la loi morale?

C'est assurément par la raison que la *vraie famille se compose exclusivement des enfants d'un père commun.*

S'il existe entre la vraie famille et la famille collatérale des distinctions tellement grandes, ainsi que nous venons de le démontrer, pourquoi donc l'héritage se transmet-il ainsi qu'en la loi actuelle et les coutumes anciennes, sans distinction aucune, des parents de la ligne directe à la ligne collatérale jusqu'au douzième degré, et cela sans l'expresse volonté du défunt ?

Quelle raison valable peut-on donner à cette pratique contraire au bon sens et à la logique ?

Il y a deux mille ans que cette coutume existe : voilà la seule justification possible à donner.

Une loi qui a duré deux mille ans doit être, par cela même, maintenue et respectée.

Oui, assurément répondrons-nous, une loi datant de deux mille ans est respectable ; mais il y a deux mille ans, le droit successible se perpétuait jusqu'au centième degré, jusqu'à l'infini : pourquoi donc avoir innové et réduit actuellement au douzième degré le droit successible ?

Ah ! c'est que la routine a ses bornes, et la raison, si tard qu'elle advienne, remplace les pratiques qui ne se justifient que par l'ancienneté de leurs errements.

D'ailleurs, nous l'avons fait tantôt remarquer (et nous croyons devoir insister sur ce point), déjà il y a un siècle, on avait si bien compris la nécessité de régir par de nouvelles lois les nouvelles mœurs qu'on ne craignit pas de bouleverser en partie ce grand édifice.

Pourquoi n'osa-t-on pas alors édicter d'un seul coup la réforme que nous proposons ?

Nous avons indiqué en commençant le motif qui nous paraît le seul plausible et le plus raisonnable. Et, en effet, dans les diverses opinions émises à ce sujet et dans les discussion qui ont précédé le vote de ces articles, nous ne trouvons rien qui puisse indiquer pourquoi on n'a pas établi la limite du degré successible au degré que nous proposons.

Comme il fallait cependant se baser sur quelque chose pour fixer une limite, on a dit (V. Dalloz pag. 177) :

« Après le douzième degré on ne connaît plus de pa-
« rents pour la successibilité. »

Ce sont là les termes propres dont se servait le tribun
Siméon dans son discours du 29 germinal an XI).

Et toujours, dans l'exposé des motifs de la loi relative
aux successions, nous voyons le conseiller d'Etat Trei-
lhard s'exprimer ainsi dans la séance du 19 germinal
an XI :

« Nous avons pensé que les parents au-delà du dou-
« zième degré ne devaient pas succéder. Les relations de
« famille sont en effet effacées dans un si grand éloigne-
« ment, et une longue expérience nous a prouvé que des
« successions dévolues à de telles distances étaient *tou-*
« *jours en proie* à une foule de contestations qui concen-
« traient, pour ainsi dire, toute l'hérédité dans *les mains*
« *des gens de justice* : heureux encore lorsque la cupidité
« enflammée ne soutenait pas ses prétentions par de
« fausses généalogies, si difficiles à connaître quand il
« faut remonter à plusieurs siècles ! »

Dans la séance du 26 germinal an XI le tribun Chabot s'exprime ainsi (V. Dalloz, page 170) :

« La loi ne peut évidemment reconnaître d'autres hé-
« ritiers légitimes que les parents du défunt pour les
« biens dont il n'a pas pris soin de disposer lui-même: il
« *répugnerait à la raison qu'elle préférât des étrangers aux*
« *parents !*
« Les familles sont en effet les premières sociétés que
« la nature ait formées entre les hommes, elles sont la
« source et la base de la grande société civile ; il est donc
« dans l'intérêt de l'ordre social de respecter les liens
« qui unissent les membres des familles, de les fortifier,
« de les étendre ; et le moyen le plus sûr à cet égard,
« c'est d'établir la successibilité entre les parents — ici
« d'ailleurs la loi, n'ayant d'autre office à remplir que de
« *suppléer la volonté de l'homme qui est mort sans l'expri-*
« *mer, doit régler la transmission de ses biens* (que l'on re-
« marque bien ceci) COMME IL EST PRÉSUMABLE QU'IL EN EUT
« DISPOSÉ LUI-MÊME ; — elle doit lui donner pour héritiers
« ceux qui auraient été le sujet de son propre choix, et
« l'on doit supposer naturellement qu'il aurait choisi ses

« propres parents, lorsqu'il n'a pas manifesté de volonté
« contraire, parce qu'il doit être présumé avoir eu plus
« d'affection pour ses parents que pour des étrangers » (et
pour l'État, pourrait-on ajouter contre notre système).

Nous aurions pu nous dispenser de citer ce passage,
car il est évidemment contraire à notre système, mais
nous avons tenu à le mettre sous les yeux de nos lecteurs, afin que les plus prévenus et les plus hostiles eux-
mêmes ne puissent nous accuser de partialité et soient
forcés de convenir que nous instruisons la cause — con-
tradictoirement — pour nous servir d'un terme usité en
langage du Palais.

Le tribun Chabot continue ainsi :

« Mais il est un terme auquel s'éteint la parenté et au-
« quel aussi doit s'arrêter la successibilité.
« L'ancien droit romain n'accordait pas le droit de suc-
« céder au-delà du septième degré ; mais Justinien éten-
« dait ce droit jusqu'au dixième degré inclusivement.
« En France il passait en général pour constant qu'il
« n'y avait pas de restriction dans cette matière, lors-
« qu'il était question d'exclure le fisc ; et dans la coutume
« de Normandie ou suivait la computation canonique,
« ce qui faisait le quatorzième degré en droit civil où
« l'on compte des deux côtés. Mais la faveur due à la
« famille et le titre naturel qui l'appelle à la succession
« ont motivé la disposition du projet de loi qui prolonge
« jusqu'à douze degrés civils la faculté de succéder. »

Enfin, dans son discours du 29 germinal an XI, le
tribun Siméon dit (Dalloz, page 177) :

« Après le douzième degré on ne connaît plus de pa-
« rents pour la successibilité ; en effet les preuves en de-
« viendraient trop difficiles, c'est l'*orgueil* bien plus que
« l'*intérêt* qui conserve les généalogies ; le commun des
« hommes étranger aux vanités de la naissance, est in-
« capable des soins nécessaires pour remonter à une ori-
« gine trop ancienne, et *c'est pour le commun des hommes*
« *que les lois sont faites.* D'ailleurs entre la difficulté des
« preuves au delà du douzième degré, le Code a dû pren-

« dre un *terme* QUELCONQUE ; sinon, en remontant à
« l'infini, on verrait les familles se confondre, la parenté
« deviendrait innombrable, et, sous le *prétexte d'être plus*
« *juste*, on tomberait dans des partages et des embarras
« inextricables— Après le douzième degré on est si éloi-
« gné de la société commune, les sentiments d'affection
« et de famille sont si usés, que la plupart du temps on
« ne se reconnaît pas, et l'on n'a respectivement pas plus
« de droit que les autres hommes. »

Cela explique fort bien assurément pourquoi on aban-
donnait la succession *in infinitum ;* mais fixait-on par là
la base nette et primordiale sur laquelle doit reposer la
successibilité *ab intestat ?* Rien n'est là pour le montrer.

Or c'est précisément sur ce point de départ, qui nous
a fait formuler notre projet dans les termes que l'on connaît, que nous allons insister ; car du fondement de l'édifice dépend l'existence et la stabilité de toute la con-
struction.

Nous sommes ainsi amené naturellement à étudier la
réforme successorale au point de vue de son fondement.
Examinons donc la FAMILLE prise comme source primordiale de toute succession *ab intestat.*

La Réforme Successorale au point de vue des familles.

QU'EST-CE QUE LA FAMILLE ?

Laissons parler ici une autorité que nul ne pourra méconnaître et qui formule nettement en quelques mots notre pensée fondamentale :

« La conservation des biens du défunt dans sa famille,
« tel est le but essentiel de tout système de succession
« *ab intestat* ; et, si haut que l'on remonte dans l'histoire
« des peuples, on reconnaît ce caractère fondamental de
« la transmission héréditaire des biens. C'est qu'en effet
« les familles sont la base de la société, et, de toutes ces
« traditions qui peuvent conserver la famille, il n'en est
« pas de plus puissante et de plus énergique que celle-ci.
« Oh ! poursuit le grand jurisconsulte, sans doute aucune
« autre matière dans le Code civil ne se trouve plus in-
« timement associée à l'organisation de chaque pays, à
« la constitution de la famille et de la propriété, et, à ces
« divers point de vue, les législateurs des différents peu-
« ples, dans leurs systèmes nationaux de successions lé-
« gitimes, ne se sont pas proposé et ne se *proposent pas*
« *encore* de la même manière la conservation des biens
« dans la famille du défunt ; mais il n'en est pas moins
« vrai que, *malgré la diversité des mœurs et des lois*, on re-
« trouve toujours au fond de cette institution la même
« pensée fondamentale, quoique l'application en soit faite
« diversement, eu égard à l'état social et politique de
« chaque pays. » (Demolombe, tome 1er, *Des Successions*,
« page 380).

La famille, voilà donc bien la grande idée qui doit ici dominer toute la matière.

Mais qu'est-ce donc que la famille à proprement parler ? En quoi se résume-t-elle réellement, et quelle est l'extension nette et précise de ce terme interprété en tant de sens différents ? Ici encore laissons à d'autres le soin d'exprimer, mieux que nous ne pourrions le faire, notre opinion à cet égard.

Jules Labeaume, dans son Traité sur les devoirs sociaux et publics, définit ainsi la famille :

« Une famille est l'ensemble des individus, qui, PÈRE, « MÈRE, ENFANTS, FRÈRES ET SŒURS, sont en quelque sorte « la multiplication de la même existence, car celle par- « ticulière au père et celle particulière à la mère ne sont « chacune que la moitié de celle reproduite en chaque « enfant. La conscience de cette existence donnée, celle « de cette existence reçue, et plus tard, entre frères et « sœurs, la conscience de cette existence partagée, fait « naître un sentiment que n'exprime pas suffisamment « le mot *affection*.
« L'affection en effet se retrouve autre part que dans la « famille, elle peut augmenter, diminuer et s'éteindre « même sans laisser d'autre trace qu'un stérile souvenir.
« Le sentiment qui unit entre eux père, mère, frères et « sœurs a cela de remarquable, au contraire, que, lorsqu'il « semble avoir perdu de sa première vivacité, la moindre « circonstance suffit pour le faire reparaître dans toute « son intensité ; ce sentiment est plus que de l'affection, « il est un composé de tendresse dévouée de père à en- « fants, de tendresse respectueuse d'enfants à père, de « tendresse de frères à frères et enfin de solidarité morale « profondément sentie par tous et acceptée par tous sans « arrière-pensée. »

Oui, nous croyons être d'accord avec la logique, la vérité et le bon sens, en estimant que la vraie, la seule famille, c'est l'ensemble d'individus ayant pour auteurs communs le même père, les mêmes ascendants.

Même nom, même sang, même communauté d'origine, d'ascendance directe, de génération en génération, voilà la seule, la vraie famille autonome et constitutionnelle.

Le grand-père doit des aliments à son petit-fils, et *vice versa*.

Le père doit nourrir, élever, prendre soin de ses en- fants ; les enfants doivent également, le cas échéant, des aliments à leur père. Tout cela est édicté, ordonné par la loi : il est donc naturel, légitime et logique que, de plein droit, sans une expression spéciale de la volonté paternelle, la succession du père soit transmise du père au fils, du grand-père au petit-fils, ou remonte de ce dernier aux ascendants. — A qui incombent les charges doivent advenir les profits ; c'est incontestablement juste, équitable et logique.

Mais où a-t-on vu, où verra-t-on jamais que, bénévolement, des oncles, des cousins, fassent à des neveux ou à des cousins une pension alimentaire, et *vice versa* ?

Où est la loi pour les y contraindre ?

Comment donc ! un collatéral aura le droit de laisser mourir de faim la veuve de son frère ou de son cousin, ou un oncle, ou un cousin malheureux ; la loi ne pourra condamner ou obliger ce collatéral même à payer l'enterrement de son parent ; et ce même collatéral aura le droit incontestable, légal et traditionnel, d'hériter, de par les lois des Douze Tables, Falcidienne, Justinienne et française, d'un oncle ou d'un cousin riche, lequel sera peut-être le frère de celui qu'il aura, de par son droit de collatéral, laissé mourir de misère et de faim ?

N'y a-t-il pas là, en vérité, une monstruosité et une lacune dans la loi et dans la règle qui a défini les droits prétendus de la famille dans la société ancienne et moderne ?

N'est-il point odieusement injuste, immoral et scandaleux que des collatéraux puissent légalement hériter et s'emparer, au détriment de la femme du défunt ou du mari de la défunte décédés sans descendance directe, des biens amassés le plus souvent par l'industrie et la sage économie d'une malheureuse femme, à laquelle, sous le régime dotal, la loi ne laisse d'autres droits après la mort du mari que la revendication d'une année de nourriture, d'une année de logement, et des habits de deuil, alors que des collatéraux éloignés, inconnus, presque étrangers, viennent ravir la part d'une femme ainsi dépouillée de tous les fruits d'une longue et laborieuse existence ?

Ne serait-ce point l'heure et le moment de faire revivre les dispositions contenues en la Novelle 117 de l'empereur Justinien, en assurant au conjoint survivant la moitié de la totalité de la succession du *de cujus* décédé sans descendance directe ?

Ainsi ne verrait-on plus ce dont nous sommes témoins tous les jours : de malheureuses femmes chassées sans pitié par des collatéraux de la maison qu'elles ont fondée, enrichie par leur industrie, leur labeur, et dans laquelle trente ou quarante années de leur existence ont été consumées. La perte d'un époux *décédé ab intestat* brise tout à coup la position et l'avenir de ces infortunées : de l'opulence elles tombent dans la plus grande misère et voient passer aux mains d'étrangers tous les biens acquis par elles.

N'est-ce point-là une criante et monstrueuse injustice? et cet état de choses, blessant à la fois toutes les convenances, les bienséances et les plus simples notions de justice et d'humanité, peut-il se perpétuer sans révolter les consciences honnêtes ?

Au point de vue de la loi, de la constitution des familles, si, dirons-nous aux héritiers collatéraux, par votre proche parenté ou par votre parenté légale jusqu'au douzième degré, vous faites partie intégrante de la famille, soyez donc conséquents, et ne laissez point alors,

sans les reconnaître et les secourir dans leur misère,
ceux dont vous héritez, au même droit, de riches successions ! Mais non, *fraternité avec les riches ! abandon
cruel des pauvres !* voilà la moralité et la conséquence
de la loi successorale actuelle.

Mais pourquoi donc encore une fois, si vous soutenez la
loi actuelle, sous prétexte que la réforme porterait atteinte
aux droits sacrés de la famille ; pourquoi ne soignez-vous
pas, n'alimentez-vous pas, vous collatéraux privilégiés,
les membres souffrants et indigents de vos familles ?

La loi ne vous y force point, voilà votre défense : mais
qui pourra défendre la cruauté et l'illogisme de la loi,
vous donnant sans aucune charge tous les bénéfices, y
compris celui de répudier, c'est-à-dire de renier toute
solidarité avec le défunt sous les haillons duquel vous ne
découvririez aucun lingot d'or ?

Qui pourra défendre la loi vous laissant hériter de ceux
pour lesquels vous avez été sans pitié, au moment pré-
cédent celui où, de pauvres misérables, ils sont devenus
riches et opulents ?

Mais, dirons-nous encore aux partisans de la loi actuelle,
si vraiment vous aimez, honorez et respectez plus que
nous la vraie famille, d'où vient que vous ne demandez
pas au moins à l'État de forcer les collatéraux *jusqu'au
douzième* degré à donner des aliments aux membres de
leurs familles, aux malheureuses veuves dont ils recueillent
toutes les économies ? Demandez donc cela aux législateurs, et nous serons de tout cœur avec vous. Mais ne
soutenez plus que le régime actuel, et déjà ancien, soit
juste et respectable, malgré son ancienneté, en admettant
les collatéraux aux mêmes droits naturels successoraux
que les enfants d'un père commun ; alors que la loi fait

un devoir et une obligation à ceux-ci de nourrir leur père et qu'à tous collatéraux cette loi ne fait même pas une prescription morale, humanitaire et philanthropique, de venir plus en aide à leurs parents *légaux*, qu'aux indigents étrangers à cette famille dont ils ne tiennent à se dire et se prévaloir, que *sauf bénéfice d'inventaire !*

Joignez-vous donc au moins à nous, partisans et admirateurs de la loi actuelle, si vous aimez, honorez et respectez les droits sacrés de la famille. Réclamez avec nous le vote de cette loi de fraternité et d'assistance entre parents jusqu'au douzième degré, et nous consentirons alors à retirer notre proposition de réforme successorale éliminant des successions les collatéraux non expressément désignés par acte de dernière volonté des possesseurs actuellement sans descendants directs.

Nous estimons, quant à nous, que l'État est cent fois plus digne d'hériter directement au cas dont s'agit, que les collatéraux d'un défunt parent, lequel n'aura pas même daigné prononcer leurs noms, tant il devait les aimer, les estimer ou les connaître !

Le collatéral abandonnant son parent pauvre, au moment où il se meurt de misère, l'État lui ouvre au moins un asile, l'hôpital ! L'État le nourrit, le vêtit et le fait enterrer ; l'État adopte ses enfants, les élève, les instruit et veille sur eux ; tandis que les collatéraux ne se ressouviennent de leurs parents pauvres que si ces derniers redeviennent riches, et dans ce cas, s'ils meurent sans descendance directe, une nuée de voraces collatéraux s'empressent de revendiquer la fortune que ces tendres parents craignent de voir tomber aux mains de l'État.

Chacun se souvient alors que le défunt est son bon parent ; qu'il porte le même nom : chacun sent, mais seu-

lement à ce moment, circuler dans ses veines la dilution
au dixième ou au douzième degré du sang de son riche
parent défunt !

Si l'on trouve juste, moral et digne des temps civilisés où nous vivons, le régime successoral actuel, il faut
convenir que le peuple français doit considérer l'État
comme le pire ennemi de la famille, puisqu'il consent à
préférer à l'État cette famille rapace cruelle et inhumaine
des collatéraux.

A tort ou à raison, l'État était jadis considéré par certains comme un *minotaure* ; son chef était regardé tantôt
comme un fléau, comme un tyran ou un affreux despote.

Aujourd'hui, l'État, c'est nous tous, et quelque soit ou
devienne le chef de l'État, jamais il ne pourra plus être
proclamé que le père, le défenseur et la personnification
de la grande famille nationale.

Dans son traité sur les institutions de bienfaisance,
Ch. Vergé, docteur en droit, avocat à la Cour royale de
Paris s'exprime ainsi :

« L'État, cette personnification active de la société,
« veille sur l'homme avant sa naissance ; il protège sa
« conservation dans le sein même qui le porte, par la
« salutaire sévérité de ses dispositions pénales.
« Au moment de la naissance, si le foyer domestique
« ne s'ouvre pas à la femme malade et qui va devenir
» mère, la charité publique lui présente un asile et des
« secours.
« Le nouveau-né est-il renié par le sentiment sur le-
« quel, au milieu de nos affections trompeuses, nous
« comptons le plus, par l'amour maternel ; alors la so-
« ciété fait plus que la mère : elle recueille le délaissé.
« La mère, au contraire, garde-t-elle l'enfant auquel elle
« vient de donner le jour ; si elle a besoin d'assistance,
« la crèche, la salle d'asile, l'ouvroir allègent successi-
« vement sa tâche ; elle y trouve pour lui les soins les
« plus intelligents, la nourriture pour son corps, son es-
« prit et son cœur.

« L'enfant a grandi, il est homme ; mais dans cette
« lutte qu'on appelle la vie, la misère, la maladie le pour-
« suivent ; sans en rechercher les causes et dans de cer-
« certaines et prudentes limites, la société soulage sa mi-
« sère, guérit sa maladie et soutient ses infirmités.

« Enfin, quand la dernière heure va sonner, quand va
« s'accomplir cette mystérieuse séparation de l'âme et du
« corps, objet à la fois de nos doutes, de notre effroi et
« de nos espérances, si la pitié d'un fils, d'un époux, d'un
« parent, d'un ami refuse l'obole qui doit payer la sé-
« pulture de celui qui succombe, c'est encore la commu-
« nauté qui fait enlever et porter dans le champ du repos
« ce que l'homme laisse de périssable sur cette terre ! »

Conséquemment, mieux vaut mille fois favoriser l'État
qui prend charge des malheureux et adopte leurs familles que favoriser les dix légions collatéralles n'appor-
tant jamais aide et secours dans les drames douloureux
de la vie de famille et n'apparaissant sur le champ du
repos que pour s'arracher les dépouilles d'un parent malheureux, que la protection tutélaire de l'État a seul sauvé
de la misère et du désespoir, jusqu'au jour où la mort et
la fortune, se rencontrant presque à la même heure et au
déclin de cette misérable existence, sont venus à la fois,
la mort mettre fin aux longues souffrances du malheureux, et la fortune enrichir ses cruels et indignes héritiers.

Alors, le reflet de l'or a suffi pour attirer autour de
la tombe du parent ayant vécu pauvre, et décédé opulent,
une nuée d'héritiers inconnus ou méconnus du défunt,
venant à la curée de la succession d'un parent qu'ils
avaient abandonné et méprisé ; héritiers n'ayant droits et
titres à invoquer que ceux dérivant d'un régime suranné,
immoral et qui au siècle où nous vivons est, nous le répétons, un véritable anachronisme.

Or, avec de pareilles données, qui pourra venir prétendre que la famille est atteinte par les dispositions de
la réforme successorale que nous proposons et n'en retire
pas, au contraire, de très grands et positifs avantages ?

Il est, en effet, de toute évidence que l'individu possesseur d'une fortune acquise par lui ou à lui transmise par ses auteurs, choisirait parmi les plus dignes, soit de ses parents, soit de ses proches, celui qui devrait être son héritier.

Les collatéraux, mieux qu'ils ne le font aujourd'hui, sachant que la fortune d'un oncle ou d'un cousin ne peut leur échoir que par sa volonté, s'empresseraient de conserver de bonnes relations avec leurs parents privés d'ascendants ou de descendants directs.

L'homogénéité de la famille, qui tend chaque jour à s'amoindrir, reprendrait une force nouvelle par la fréquentation plus grande et plus intime des intéressés à se rapprocher de leurs parents privés de descendants en ligne directe.

L'individu, possesseur d'une fortune, connaissant mieux ainsi les divers membres de sa famille, chercherait parmi ses parents collatéraux le plus digne, le plus capable de conserver les biens qu'il aurait à lui transmettre.

On ne verrait plus, comme de nos jours, des héritages disputés par de pauvres hères achevant de se ruiner en poursuivant leurs droits d'héritiers au dixième ou douzième degré.

On ne verrait plus le scandaleux spectacle de collatéraux escomptant les *espérances* sur lesquelles la législation leur permet de spéculer et aux moyens desquelles ils cherchent à leurrer leurs créanciers, ou à se procurer le bénéfice d'un établissement pour eux ou leurs enfants. Nous l'avons dit et ne saurions assez le répéter,

On ne verrait plus enfin de malheureuses femmes, pleurant à la fois la perte de leurs enfants et celle de leur mari, inhumainement chassées de leurs foyers par les collatéraux des époux que la mort a surpris avant d'avoir pu assurer le sort de fidèles compagnes, tombant ainsi tout à coup de l'aisance ou de l'opulence dans la gène ou la plus affreuse misère.

On n'aurait plus le navrant spectable de tant d'infortunées réduites à revendiquer aux envahisseurs légaux de tous les biens de leur mari, les seuls privilèges dérisoires que leur a réservés et conférés la loi : des vêtements de deuil, une année de nourriture et dans la modeste ou opulente demeure de leur époux une toute petite place pour s'abriter et pleurer pendant trois cent soixante-cinq jours celui dont elles eurent des enfants, celui dont le nom est leur seul héritage, celui qui pendant de longues années fut leur soutien, leur protecteur et leur ami (ou quelquefois seulement leur maître et seigneur), celui dont toujours elles furent les soumises et fidèles compagnes, les esclaves, les consolatrices et la providence. Pauvres femmes ! après vingt ou trente années de mariage, ayant par leurs labeurs, leurs économies et leur intelligente initiative, acquis ou accru la fortune de leur mari ; pauvres femmes, aujourd'hui âgées, infirmes et sans aucune espérance d'avenir, mises en demeure, de par la loi draconienne actuelle, de tout quitter, tout abandonner ce qui hier encore leur appartenait, les enorgueillissait, faisait leur joie et leur bonheur ! Plus rien à elles, pas même leur lit ! Pauvres et désespérées, sans pain, sans abri, il faut partir et s'en aller, n'ayant plus d'autre droit que celui de mourir de douleur ou de vivre, plus douloureuse épreuve encore, de la charité publique, ou en implorant la pitié sordide de quelque membre orgueilleux d'une famille, dont ces infortunés ont encore, sans doute par ironie ou par oubli du législateur, le droit de garder et porter le nom !

3

Désormais, personne ne laisserait plus au hasard le sort de sa fortune. L'Etat ne bénéficierait jamais d'une succession que par la tacite volonté, l'impuissance ou l'incurie des possesseurs de biens.

L'État, ainsi devenu propriétaire ne serait jamais que le dispensateur à tous, des biens qu'il aurait hérités de quelques-uns pour le plus grand bien et profit des intérêts de tous.

L'intérêt des familles ne serait donc point sacrifié, aucune lésion ne serait faite à leur droit.

L'obligation faite au possesseur par la nouvelle réforme, se borne à une seule prescription : *affirmer sa volonté de transmettre ses biens à qui et quand il lui plaît.*

Testament notarié, testament olographe, testament mystique, vente, cession ou donation, la loi laisse libre le possesseur de choisir l'acte qui lui semble meilleur, mais il faut *obligatoirement* exprimer sa volonté avant la mort.

« Nul n'est héritier, s'il ne veut, dit la loi actuelle »
« Désormais, nul ne sera dans la ligne collatérale héritier, si le défunt ne le veut ».

Voilà ce que prescrira la loi nouvelle — A défaut d'acte exprimant la volonté du défunt, le mort ne saisira plus le vif *qu'en ligne directe et au degré de frère et sœur, d'ascendants et de conjoint.*

Toute la loi nouvelle, toute la réforme est contenue dans ces deux axiomes.

Notre réforme ainsi bien examinée au point de vue de la famille, étudions-la par rapport à l'organisation de notre société actuelle et faisons ressortir son opportunité au point de vue de l'état social et de la fortune publique.

La Réforme Successorale au point de vue de l'état social et de la richesse nationale

EXPOSÉ DE LA FORTUNE PUBLIQUE

Ici encore il nous est facile de trouver, comme nous l'avons fait au chapitre de la famille, des arguments d'analogie qui justifient pleinement notre système.

Et d'abord remarquons que les lois fiscales, plus progressives que les lois civiles, n'ont pas manqué de faire une notable différence entre le droit à percevoir dans les successions directes et dans les successions collatérales : à certains degrés, même fort rapprochés de l'auteur commun, les droits successoraux s'élèvent à peu près au niveau des droits de vente, donation et cession entre étranger. N'est-il pas évident que la législation fiscale, plus progressiste que la législation civile, a cru, en édictant des lois établissant de semblables distinctions entre héritiers, indiquer clairement que les héritiers collatéraux n'avaient pas tous, dans la famille, les mêmes droits naturels à succéder à l'auteur de leur souche ?

Que conclure de ces faits ? sinon que les lois civiles successorales sont surannées et conséquemment mûres pour la réforme ?

La société publique, de quelle façon qu'en soit constituée l'administration ne peut rendre qu'en raison de ce qu'elle reçoit.

Le gouvernement de la chose publique ne peut appliquer au profit de tous les citoyens que les ressources qui sont mises à sa disposition par les lois et les règlements de la société.

Chaque jour les besoins de tous réclament du gouvernement de nouvelles améliorations ; il devient nécessaire de frapper d'impôts souvent vexatoires une catégorie de citoyens que leur position de propriétaires, de commerçants, d'industriels, expose parfois davantage aux exigences fiscales des nouveaux impôts. Et voilà pourquoi, voyant la France obérée de dettes, écrasée d'impôts, nous estimons que l'adoption de la réforme que nous proposons s'impose à son gouvernement.

Nous croyons cette réforme opportune parce que l'état de nos mœurs, l'instruction déjà très répandue dans les masses, permettent à chacun de disposer de ses biens, soit par testament authentique, soit par testament olographe, soit par tout autre acte translatif de propriété et selon le mode qui lui semblera le meilleur.

Parce que, nous estimons que l'adoption de notre proposition permettra à l'Etat dans un délai relativement restreint de libérer la France de son énorme dette, soit en amortissant le capital provenant des héritages recueillis et vendus chaque année, soit de diminuer chaque année et dès le moment de la promulgation de la nouvelle loi, les impôts actuels.

Parce qu'un jour enfin, très prochain peut-être, les héritages survenant ainsi périodiquement à l'Etat permettront d'exonérer de tout impôt les citoyens dont la cote est au dessous de cinquante francs, ou de créer au profit de chaque citoyen français, soit un capital, soit une rente viagère, au moyen d'une assurance mutuelle ou de toute autre combinaison similaire d'où résulterait l'extinction du paupérisme !

En effet, d'après les statistiques, la valeur la moins exagérée des objets mobiliers et immobiliers composant actuellement en France la fortune publique s'élève **à deux cents milliards !**

Or, la vie moyenne en France étant d'environ trente-cinq ans, il est incontestable que chaque année un trente-cinquième de la fortune publique se transmet d'un individu à un autre, et conséquemment, que la somme de deux cents milliards dans une période de trente-cinq années doit mathématiquement être transmise, par succession, donation ou vente, en d'autres mains que celles la possédant actuellement.

Deux cents milliards transmis dans une période de trente cinq années donnent une moyenne d'environ six milliards chaque année, et, en admettant que l'Etat héritât d'un sixième pour sa part de succession tombée en déshérence, de ce chef il reviendrait à l'Etat un milliard par an.

Il y a tout lieu assurément de prévoir une forte réduction sur cette somme, étant incontestable que tel individu qui ne pense point aujourd'hui à disposer de ses biens, se précautionnera afin de ne point laisser bénéficier l'Etat de sa fortune.

Mais il n'est point téméraire, nous le croyons d'affirmer que, soit par omission, soit par impossibilité, soit par le fait d'incapacité de la part de mineurs et d'interdits, soit par défaut d'intérêt du possesseur de biens a tester en faveur d'étrangers, lorsqu'il ne connaît ou n'estime aucun des membres de sa famille, la somme d'un demi milliard reviendrait à l'Etat.

Qu'on réduise encore ce chiffre trois et quatre fois de cent millions, il est inadmissible que l'Etat reçoive chaque année moins de cent millions.

Cent millions seraient encore un beau denier à recueillir, si l'on réfléchit surtout que la perception de cette
somme serait obtenue sans aucun frais et ne serait uniquement que le résultat libre, indépendant, d'une faculté que divers citoyens auraient de leur plein gré abdi-
quée, négligée, ou omis de revendiquer.

Et en admettant une supposition impossible, celle où
chaque possesseur disposàt de sa fortune conformément
aux prescriptions de la nouvelle loi ; en supposant que
aucun héritage ne revînt à l'Etat, de l'adoption de notre
réforme résulteraient encore de notables avantages pour
la société tout entière : disparition presque complète des
procès de succession, la filiation s'établissant sans dif-
ficultés, sans recherches, sans frais, la transmission des
successions ne donnant plus lieu à aucune formalité com-
pliquée et la fortune n'étant plus livrée au hasard et au
danger de tomber entre des mains indignes et souvent
incapables de la conserver, et enfin l'Etat profiterait encore de l'accroissement des actes translatifs de propriété ;
testaments, donations, lesquels dans une proportion incontestablement importante donneraient lieu à la perception de droits profitables au trésor de l'Etat.

Nous joignons ici un tableau de nature, ce nous semble à rendre plus palpables nos allégations et à lever tous
les doutes.

Les chiffres portés aux colonnes du présent tableau ne
peuvent être rigoureusement regardés comme définitifs
par la raison qu'ils ne sont basés que sur l'expression et
le résultat des déclarations faites au bureau de l'enregis-
trement de Carpentras pris pour type et sur une population de trente mille âmes.

Pour évaluer le nombre et la valeur des successions

de la France entière, nous avons, sur les données four-
nies par le bureau de Carpentras, établi les proportions :

$$(1^{o}) \quad \frac{S}{s} = \frac{P}{p} \text{ d'où } S = \frac{sP}{p} \text{ ;}$$

$$(2^{o}) \quad \frac{S'}{s'} = \frac{P}{p} \text{ d'où } S' = \frac{s'P}{p}.$$

Dans la première proportion, S représente le *nombre*
total des successions en France ; *s* celui des successions
du bureau de Carpentras (soit 379). P, la population de
la France (36 millions d'habitants), *p* la population comprise dans la perception de Carpentras (soit trente mille
habitants).

Dans la deuxième proportion S' désigne la *valeur*
générale des successions, *s'* celle des successions du bureau de Carpentras (soit 3,001,422); P, la population de
la France ; *p* celle du bureau de Carpentras. Ces résultats ainsi obtenus, en multipliant ces sommes par 1200, les
chiffres donnés par l'état du bureau de Carpentras et
portés au tableau ci-contre seraient sans doute modifiés
par une statistique générale ; mais néanmoins nous estimons que l'écart qui se produirait serait peu considérable.

(Suit le tableau).

TABLEAU SYNOPTIQUE
du nombre et de la valeur des successions annuellement ouvertes.

SUR UNE POPULATION DE 36 MILLIONS D'AMES	NOMBRE des successions	VALEUR MOBILIÈRE	VALEUR IMMOBILIÈRE	VALEUR TOTALE DES SUCCESSIONS
Successions de père, mère, enfants, d'ascendants ou descendants directs de frère à frère ou sœur............	301.200	1.606.800.000	1.515.055.200	3.121 855.200
Successions entre collatéraux du 2º au 12º degré SANS TESTAMENTS......	98.400	200.539.200	171.117.600	371.656 800
Successions transmises entre collatéraux du 2º au 12º degré par testaments...............................	15.600	19.801.200	21.172.800	40.974.000
Successions transmises entre collatéraux au-delà du 12º degré ou étrangers par testaments..	37.200	50.280.000	16.080 000	66.360 000
Successions tombant faute, d'héritiers au degré successible ou de testaments, à l'Etat...................	2.400	374.400	486.000	860.400
TOTAUX..............	454.800	1.877.794.800	1.723.911.600	3.601.706.400

NOTA. — Au chiffre total de la valeur des successions annuelles s'élevant à . . . . 3.601.706.400 —laquelle somme multipliée par 35. chiffre de la vie moyenne, donne un total de 126.059 724 000 il y a lieu d'ajouter un TIERS pour représenter l'insuffisance des revenus déclarés au fisc et des valeurs mobilières au porteur non déclarés, soit . . . 1.200 568.800 et avec un tiers en sus. . . 42.019 908 000

TOTAL. . . . 168.079.632.000

Ce qui porte la valeur totale des successions annuelle au total de 4.802.275.200

Chiffre représentant la fortune nationale.

Du tableau synoptique ci contre résulte incontestablement la preuve qu'en France annuellement 98,400 individus n'ayant aucune descendance ou ascendance directe meurent sans disposer de leurs biens, laissant ainsi
au hasard tomber leurs successions, soit 371,656,800 fr.
à des héritiers collatéraux bien peu connus ou aimés, en
tout cas fort indifférents aux délaisseurs de biens; collatéraux venant cependant à leur tour recueillir et se
disputer l'héritage des membres de leur famille connus
ou inconnus.

Quinze mille six cents individus seulement chaque
année songent actuellement à transmettre par testament
leurs biens, soit quarante millions neuf cent soixante
quatorze mille francs, à leurs proches parents! ce qui
entre parenthèse, ne prouve guère la vivacité des sentiments de famille au delà du *deuxième degré!* et chose
d'autant plus remarquable, trente sept mille deux cents
individus ayant très certainement des parents du deuxième au douzième degré disposent chaque année par
testament en faveur d'étrangers ou de parents au delà
du douzième degré (par conséquent au détriment des
parents proches) d'une somme de soixante-six millions,
trois cent soixante mille francs, c'est-à-dire d'une somme d'un gros tiers plus forte que celle de quarante millions, neuf cent septante quatre mille fr., disposés annuellement en faveur de parents du deuxième au douzième degré!

On voit par là combien peu la famille réputée légale,
se trouve appréciée, vénérée et privilégiée par les individus prenant peine et soin de choisir leurs héritiers!

Enfin deux mille quatre cents individus laissent actuellement chaque année à l'État, faute de tester ou de

parenté légale, des biens ou des valeurs s'élevant à la somme de huit cent soixante mille quatre cents francs.

En somme et en l'état présent, en admettant que les dispositions testamentaires demeurent ce qu'elles sont aujourd'hui, l'Etat hériterait annuellement de trois cent soixante onze millions six cent cinquante six mille huit cents francs!!! non compris le tiers en plus de cette somme; soit cent vingt trois millions huit cent quatre vingt cinq mille six cents francs, que nous pourrions sans exagération porter en représentation soit d'insuffisance de revenus habituellement non déclarés, soit de valeurs mobilières au porteur, le plus souvent distraites ou dissimulées dans l'actif des successions, soit en total 495,542,400 fr. dont l'Etat hériterait annuellement.

Nous le répétons, l'adoption de la réforme successorale aurait assurément pour résultat presque immédiat d'augmenter le nombre de transmissions de biens par testament entre collatéraux du deuxième au douzième degré; mais la marge est large et le chiffre de quatre cent quatre-vingt quinze millions cinq cent quarante-deux mille francs ou tout au moins, à celui de trois cent soixante onze millions six cent cinquante-six mille huit cents francs (chiffre porté au tableau p. 48) est certes assez importante pour laisser encore pendant de longues années à l'Etat une fructueuse part dans les successions.

Cette part serait-elle réduite de près d'un quart dans l'avenir, cent millions par an représenteraient assurément son minimum extrême, et ce chiffre est justement celui sur lequel nous avons modestement spéculé pour établir les séries diverses de combinaisons économiques pratiquement exposées en la seconde partie de notre projet de réforme successorale.

Des chiffres portés au tableau synoptique ressort avec

évidence que chaque année la somme de *trois milliards
six cent-un million sept cent-six mille quatre cents fr.*,
représentant la valeur immobilière et mobilière de la fortune publique, change de mains ; or la vie moyenne étant
de trente cinq ans environ, il demeure établi et démontré,
en multipliant par 35 la somme de 3,601,706,400; que
dans un laps de trente-cinq années la somme totale de
la fortune publique s'élevant à 126,059,724,000 fr. se
transmet dans les proportions précitées au tableau synoptique à de nouveaux possesseurs, et en ajoutant un tiers
à cette somme de 126,059,724,000
soit : 42,019,908,000
la fortune publique se trouverait être
en réalité de 168,079,632,000
somme consignée en notre tableau, page 48.

Nous ferons ici remarquer que les chiffres des valeurs
successorales déclarés dans la deuxième période décen-
nale écoulée, donnent de 1867 à 1869, une moyenne
de 3,471,336,541
et de 1874 à 1876, une moyenne de . 4,292,306,723
ce qui prouve que les chiffres portés dans notre tableau,
loin d'exagérer le montant des déclarations se trouvent de
beaucoup en dessous de leur importance officielle actuelle
et que, prenant pour base les opérations ci-dessus, le
chiffre de la moyenne officielle des déclarations successorales de 1874 et de 1876, la fortune publique immobilière et mobilière se monterait en réalité au chiffre
de 150,230,735,305
somme qu'il faudrait toujours augmenter d'un tiers pour cause de dissimulation
dans les déclarations soit. . . . 50,076,911,768
ce qui ferait un total de 200,307,647,073

Nous arrivons à des totaux beaucoup plus élevés en prenant, d'une part, pour base de nos évaluations le nombre des hectares imposables qui est de 52,305,744, et dont la valeur vénale est estimé en moyenne deux mille francs l'hectare.

Or, en chiffres ronds, cinquante-deux millions de fois deux mille, donnent un total de cent quatre milliards ; d'autre part, les valeurs mobilières, ainsi qu'on le voit au tableau synoptique de la page 48, dépassant de plus de cent millions le chiffre des déclarations successorales immobilières, nous arrivons ainsi au total mobilier et immobilier de deux cent huit milliards cent millions, sans compter la valeur si considérable des propriétés bâties, qui, si nous l'ajoutons à cette somme, nous donnera un chiffre dépassant assurément celui de deux cent vingt milliards.

Par une autre supputation, nous arrivons à un résultat tout différent. L'hectare est imposé en moyenne six francs, calculé sur un rendement moyen de 2 0/0. Or, 52,305,744 × 6 = 313,834,464, laquelle somme multipliée par 5, conformément à l'article 33 de la loi du 25 mai 1838, donne une somme de 1,569,772,320 fr. de revenu légal, somme représentant, au 5 0/0, un capital seulement de trente-un milliards, lequel doublé par les valeurs mobilières et augmenté des valeurs de propriétés bâties, n'arrive qu'au chiffre de soixante-dix milliards.

Un moyen qui nous avait paru tout d'abord le meilleur pour estimer la valeur de la fortune immobilière, était de multiplier par 5 le principal de la contribution directe, ainsi que le prescrit la loi du 25 mai 1838, article 3, ainsi conçu :

« S'il s'agit de baux à colons partiaires, le juge de paix « déterminera la compétence en prenant pour base du

« revenu de la propriété le principal de la contribution
« foncière de l'année courante, multiplié par cinq. »

« En France, dit Rogron (page 11), on paye communé-
ment le cinquième du revenu des terres ; pour arriver
au revenu d'une propriété, il faut prendre le principal de
la contribution directe et le multiplier par cinq. »

Nous avons fait cette opération, en multipliant par cinq
le chiffre de 173,950,000 représentant, en 1880 le chiffre
total des contributions foncières, et nous avons obtenu un
total s'élevant à 869,750,000, lequel ne représente pas
même l'intérêt au 5 0/0 de vingt milliards, et si nous
ajoutons à cette somme vingt milliards pour les valeurs
mobilières et dix milliards pour les propriétés bâties, nous
arrivons à peine au chiffre de cinquante milliards.

Evidemment cette manière de procéder est défectueuse,
et, quoique indiqué par la loi, ce mode de déterminer la
valeur du revenu et par suite du capital de la valeur vénale de la propriété, est impraticable et absolument er-
roné. Nous avons tenu cependant à faire mention de ce
mode déterminatif *légal* de la valeur immobilière, afin de
montrer tout d'abord que nous avons cherché à en faire
l'application, surtout parce qu'il était indiqué par la loi
et ensuite pour attirer sur l'étrange résultat que chacun
peut constater, l'attention de tous ceux qui se préoccu-
pent de la justice, de l'équité, et de l'application des lois
rationnelles.

Nous avons également tenté de déterminer le revenu
du capital foncier en multipliant par cinq la somme résultant du total des cotes foncières en principal, et nous
avons obtenu un résultat aussi dérisoire ; huit-cent un
million, chiffre plus faible encore que celui ci-dessus ?

Poursuivant dans cette voie la recherche d'une for-

mule pouvant nous amener à déterminer le chiffre de la
fortune publique, nous avons fait hypothétiquement un
calcul dont voici les bases, les données et le résultat sur-
prenant.

Le total général des voies et moyens de l'exercice
de 1880, s'élevant à deux milliards sept-cent quarante-
neuf millions, sept cent seize mille huit cents francs ; nous
avons par extension et par analogie des dispositions édictées en l'article 3 de la loi du 25 mai 1838, multiplié ce
chiffre par cinq et obtenu la somme de 13,748,834,000
francs, laquelle capitalisée au 5 0/0 (revenu moyen des
valeurs mobilières et immobilières), donne en chiffre
ronds la somme de *deux cent septante-quatre milliards
cinq cent millions*, capital que l'on pourrait, ce nous
semble, sans paralogisme, considérer comme l'expression moyenne du total de la fortune nationale.

L'originalité de cette formule excentrique et tout à fait
fantastique ne nous a distrait de nos sérieuses supputa-
tions et ne nous a un instant arrêté, qu'après avoir longuement réfléchi sur l'inanité des prescriptions édictées
en la loi du 25 mai 1838. Mais on ne pourra disconvenir,
qu'en partant du principe énoncé dans ladite loi, et au
moyen de l'extension que nous lui donnions et généralement ses prescriptions sur la totalité des divers impôts
perçus par l'Etat, le résultat obtenu par ce calcul ne saurait paraître plus paralogique que la loi, car il se rap-
proche beaucoup plus en réalité de la vérité que le mode
de supputation prescrit par la loi pour déterminer le revenu de la propriété immobilière.

Que l'on nous permette, en terminant cet article déjà
long, mais aussi d'une importance souveraine, de citer
quelques considérations émanant de deux économistes

distingués, qui corroborent notre façon de voir et de procéder.

« On a essayé dans ces derniers temps, dit *M. Vacher*,
« d'évaluer la fortune de la France à l'aide du montant
« des valeurs successorales établies par les droits de mu-
« tation, et en désignant par R la richesse de la France,
« par P sa population, par D le nombre des décès, et par
« S le montant des successions annuelles, on a établi la
« proportion :

$$\frac{R}{S} = \frac{P}{D} \text{ d'où } R = \frac{P\,S}{D}$$

« On aurait un moyen d'évaluation plus rigoureux, en
« multipliant le montant des valeurs successorales par
« la durée moyenne du temps qui s'écoule entre le mo-
« ment ou un individu reçoit un héritage et celui où il
« le transmet à ses successeurs ; mais, quelque rigueur
« qu'on mette à calculer cet élément d'évaluation, il faut
« songer que les valeurs successorales sont certainement
« atténuées d'au moins *un tiers ;* et en prenant cette éva-
« luation d'un tiers en sus des déclarations faites au fisc,
« on trouve :

	Valeurs successorales.	Fortune totale.
Fortune { immobilière	2,397,573,720 × 45 =	107,890,817,400 fr.
{ mobilière	2,080,132,110 × 45 =	93,605,944,950 »
Total :	4,477,705,830 × 45 =	201,496,762,350 fr.

« Des divers modes de calcul applicables à l'évaluation
« de la fortune de la France, le plus simple évidemment,
« (dit M. de Foville, dans *L'Économiste français*) c'est celui
« qui consiste à dire : la valeur en capital des succes-
« sions annuellement ouvertes, représentant une fraction
« proportionnelle de l'actif national, il suffit pour déter-
« miner cet actif de multiplier la masse successorale par
« un certain nombre.
« Oui, mais par quel nombre, se demande M. de Fo-
« ville ? »

Et après avoir analysé et critiqué les statistiques dont nous citerons ci-après les noms des auteurs, M. de Foville dresse ainsi qu'il suit, dans le journal *L'Économiste français*, le bilan de la fortune de la France.

« Nous avons cru pouvoir évaluer la fortune immobi-
« lière de la France à *cent vingt-cinq milliards !*

« Cent milliards pour la terre, vingt-cinq milliards pour
« les maisons ; pour arriver à ce total, nous avons mul-
« tiplié par la durée moyenne des générations humai-
« nes, d'abord la valeur annuelle des successions et en-
« suite celle des donations entre-vifs ; puis nous avons
« augmenté de 10 0/0 le produit de cette double multi-
« plication, pour tenir compte des atténuations intéres-
« sées qui sont inévitables en pareille matière, même
« avec des moyens de contrôle comme ceux dont le fisc
« dispose actuellement ; enfin, nous avons encore ajouté
« une dizaine de milliards, représentant d'une part les
« propriétés de l'Etat et d'autre part les biens de main-
« morte. Le résultat obtenu de la sorte nous avait paru
« confirmé par les dernières enquêtes agricoles ou ca-
« dastrales, qui font ressortir la valeur moyenne de
« l'hectare à près de deux mille francs et le revenu net
« imposable pour la France entière à quatre milliards.
« Nous avons d'ailleurs cherché et nous croyons avoir
« trouvé l'explication des exagérations ou des insuffisan-
« ces que nous semblent présenter quelques-unes des
« évaluations publiées dans ces derniers temps. Nous
« croyons donc pouvoir récapituler ainsi qu'il suit la for-
« tune mobilière et immobilière de la France :

« Propriété non bâtie	100	milliards
« Propriété bâtie	25	id.
« Créance nette de la France sur l'é-change	15	id.
« Stock métallique or et argent	8	id:
« Meubles, effets personnels, objets d'art	10	id.
« Matériel agricole	4	id.
« Animaux de ferme et autres	5	id.
« Approvisionnements agricole	5	id.
« Capitaux commerciaux autres que ceux déjà comptés	5	id.
« Capitaux industriels autres que ceux déjà comptés	20	id.
« Marine, arsenaux, etc.	3	id
Total	200	milliards.

« Nous arrivons, ajoute M. de Foville, à un total de
« deux-cents milliards, *nombre rond.* Il est clair que la
« fortune de la France ne peut *se chiffrer en francs et cen-*
« *times, ni même* EN MILLIONS. Si nous avons réussi a l'éva-
« luer à dix milliards près, c'est tout ce qu'on peut de-
« mander en pareille matière. «

Au cours de notre étude nous avons estimé à deux-cents milliards la totalité de la fortune publique. Nous avons justifié en notre tableau synoptique, (page 48), de l'existence de cent vingt-six milliards ; on pourrait même nous concéder qu'avec l'adjonction, (très-certainement fondée et admissible, à cause des déclarations incomplètes et frauduleuses), d'un *tiers* en sus de cette somme, nous aurons justifié d'un capital national, s'élevant à cent soixante-huit milliards ! on vient de lire les appréciations de MM. Vachet et de Foville.

Qu'on nous permette maintenant, à l'appui de notre thèse et de nos constatations, de citer l'autorité des hommes les plus compétents en la matière et, si l'on veut bien jeter un coup d'œil sur le tableau ci-après, nous estimons que le plus prévenu et le moins sympathique de nos lecteurs sera forcé de convenir que nos appréciations et nos estimations personnelles de la fortune publique sont tout à fait exemptés d'exagération.

(Suit le tableau).

4

LA FORTUNE PUBLIQUE ÉVALUÉE PAR DIVERS STATISTICIENS

NOMS DES STATISTICIENS	TOTAL DU REVENU NET de l'économie rurale	TOTAL DU REVENU MOBILIER	EN CHIFFRES RONDS CAPITAL de la fortune publique
M. le comte Chaptal....................	4.678.288.884	non compris...........	90 milliards.
M. Lullin de Chateauvieux.............	5.600.000.000	non compris	110 milliards.
M. Charles Dupin.....................	5.313.163.735	non compris...........	105 milliards.
M. Royer.............................	7.543.023.298	non compris.	150 milliards.
M. Mathieu de Dombasle....	6.000.000.000	non compris	120 milliards.
La Statistique Agricole de 1839.........	5.294.348.943	non compris..,......	105 milliards.
M. Alcide Amelin.....................	12.000.000.000	non compris..........	240 milliards.
M. S. Mony, ancien député.......... ...	10.000.000.000	y compris,.	200 milliards.
M. Vacher, député, vice-président de la société de la Fortune Nationale....	12.000.000.000	y compris.............	242 milliards.
M. Elisée Reclus.....	25.000.000.000	y compris.............	500 milliards.
M. Sciama, ingénieur.....	27.000.000.000	y compris.......... ..	526 milliards.
M. Godchaux..........................	6.000.000.000	y compris..........000	120 milliards.
M. Hippolyte Passy.....................	8.000.000.000	y compris.............	160 milliards.
M. de Parieux....	8.000.000.000	y compris...	160 milliards.
M. Maurice Block, en 1860.............	11.121.000.000	y compris.............	220 milliards.
Le même en 1873..	13.000.000.000	y compris,...........	260 milliards.

On remarquera, dans le tableau ci-contre, que plusieurs statisticiens n'ont évalué que la fortune publique immo- bilière ; or, la fortune mobilière doublant forcément le capital de la fortune immobilière, il s'en suit que, la plus faible évaluation enregistrée audit tableau étant de cent vingt milliards, capital immobilier et mobilier réunis, et la plus forte évaluation étant de cinq cent vingt-six milliards ; en prenant la moyenne, le capital de la fortune publique se trouverait de deux cent cinquante milliards environ, et c'est bien là, croyons-nous le chiffre réel au- quel peut être coté le capital national.

Des données du tableau synoptique page 48 ressort également la preuve que la fortune publique se trouve annuellement transmise et délaissée seulement par quatre cent cinquante-quatre mille huit cents individus décé- dant chaque année, soit quinze millions neuf cent dix- huit mille individus décédant dans une période de trente- cinq années, représentant le cours de la vie moyenne.

C'est donc un peu moins de la moitié de la population française qui détient la fortune publique, et ce qui vient corroborer cette allégation et ce calcul, c'est qu'en 1858, le nombre des cotes foncières s'élevait à treize millions cent dix-huit mille sept cent vingt-trois ; nombre qui a considérablement augmenté depuis vingt-deux ans (voir tableau page 68).

On pourra nous objecter qu'il y a moins d'invidus pro- priétaires que de cotes foncières, et conséquemment que notre calcul est erronné, en ce sens qu'il n'y a pas seize millions, c'est-à-dire à peu près la moitié de la popula- tion française détentrice de la propriété ; nous convenons que l'objection paraît fondée, attendu que le même indi- vidu peut avoir diverses cotes dans plusieurs communes.

Mais nous ferons remarquer que beaucoup de propriétaires n'ont pas de cotes ; ainsi les mineurs, les femmes
dotales ayant des reprises à exercer sur les terres de
leurs maris et les rentiers, donnent lieu cependant lors
de leurs décès à déclarations successorales sans avoir de
cote foncière. Et, du reste, du moment que nous établis-
sons la quotité annuelle des biens délaissés par ceux qui
en ont été propriétaires, il importe peu d'établir le nombre
exact des individus possesseurs décédant chaque année ;
il n'en reste pas moins acquis que leurs cotes foncières,
s'éteignant avec eux, renaissent pour leurs héritiers, et
que ceux qui n'ont point de cotes quoique possesseurs de
biens mobiliers obligent leurs héritiers à faire à l'Enre-
gistrement la déclaration de tout ou partie de leurs successions.

DEUXIÈME PARTIE

CONSÉQUENCES PRATIQUES

DE LA RÉFORME SUCCESSORALE

Nous croyons avoir suffisamment démontré l'utilité pratique de notre projet de réforme, soit au point de vue de son actualité et de son opportunité, soit au point de vue de sa moralité et de ses tendances sagement égalitaires, libérales et philanthropiques.

Nous avons un peu longuement peut-être établi l'importance de la fortune publique afin d'en montrer clairement et authentiquement la source, le volume et, s'il nous est permis d'employer ici cette image, le courant rapide à travers les générations se succédant invariablement dans un cycle dont aucune puissance humaine ne saurait enfreindre les termes ni transgresser les immuables lois.

Après avoir supputé et défini la part d'héritage revenant à l'État dans le nouvel ordre successoral, il nous reste en quelques traits rapides à indiquer les applications les plus utiles et les plus importantes que nous désirerions voir accueillir et réaliser comme les prémisses de notre projet de réforme.

Que l'on veuille bien jeter les yeux sur les lignes qui vont suivre et que nous avons à dessein placées à la fin de nos développements pour les corroborer et les parfaire en quelque sorte.

Nous espérons que ces divers exemples sensibles, rélégués au dernier plan de notre étude, attireront l'attention de ceux (et le nombre en est grand) qui lisent un livre selon la méthode arabe ou chinoise, c'est-à-dire en commençant par la fin, et les engageront, étant intrigués par les légendes de cette partie de notre travail, à étudier avec soin les diverses parties de notre exposé, et à peser scrupuleusement la valeur et la portée de nos arguments, ainsi que les conséquences pratiques dérivant du nouveau régime successoral.

Extinction de la dette publique.

Nous avons dit plus haut que l'adoption de notre projet de réforme successorale permettrait à l'État, dans un délai, relativement restreint, de libérer la France de son énorme dette, en affectant à son amortissement le capital provenant des héritages recueillis et vendus chaque année.

Nous allons démontrer cette proposition et, par des chiffres incontestables, établir la preuve la plus manifeste et la plus péremptoire que nous n'avons rien avancé qui ne soit rigoureusement et absolument vrai théoriquement et pratiquement.

Le total de la dette publique française en 1880 s'élève environ à vingt milliards.

Or, cent millions étant hérités chaque année par l'État et chaque année ces cent millions étant au taux du 5 °$_{l_0}$ capitalisés par l'État pendant *quarante-neuf ans et cinquante-quatre jours*, il est mathématiquement démontré, qu'au bout de cette période, le capital augmenté des intérêts composés s'élevera à vingt milliards !

Rien n'est plus exact et précis qu'une équation algébrique ; ici chacun peut se convaincre lui-même en faisant ce calcul.

Capitalisé au 4 °$_{l_0}$ il faudrait *cinquante-six ans et huit jours*.

Capitalisé au 3 °$_{l_0}$, il faudrait *soixante-cinq ans et trois cent quatre jours*,

En d'autres termes et en résumé, la France se trouvera, dans une période de cinquante ans, ou de cinquante-six ans, ou de soixante-six ans, entièrement libérée de son énorme dette de vingt milliards.

Et cela en déboursant seulement la somme de cinq milliards.

Laquelle somme de cinq milliards sera advenue par héritage à l'État dans la première période précitée, par le fait du consentement pleinement libre et de la souveraine volonté, explicitement ou implicitement exprimée par 1,323,850 propriétaires français, ayant en moyenne chacun légué à l'État la somme de 3,777 francs (en supposant le taux de 5 $^0/_0$) pour la période de cinquante ans.

Et en effet, veut-on une démonstration palpable de cette assertion ? en voici une basée sur le tableau de la page 48 :

Il est établi par ledit tableau que la *valeur* totale des successions annuelles entre collatéraux du 2e au 12e degré, *sans testament*, est de 371,656,800 francs; or, le *nombre* de ces successions entre collatéraux du 2e au 12e degré étant de 98,400, la moyenne de chacune de ces successions est de 3,777 francs.

Dans une période de cinquante ans les biens transmis ainsi sans testament entre collatéraux du 2e au 12e degré s'élèveraient donc à 18,582,840,000 francs, qui seraient transmis par 4,920,000 successions.

Or, en admettant que sur les 98,400 successions représentant chaque année un total de 371,656,800 francs, l'État n'héritât chaque année que de cent millions, lui revenant par 26,477 successions, il s'en suivra que dans une période de cinquante années, l'État aura bénéficié de 1,323,850 *successions* représentant un budget de *cinq milliards cent quatre-vingt-un mille quatre cent cinquante francs.*

Si donc l'Etat prend soin de placer à intérêts composés au cinq pour cent la somme de cent millions dont il héritera chaque année, il se trouvera en moins de cinquante ans (49 ans 54 jours, ainsi qu'il résulte de notre équation de la page 63) en possession d'un capital de vingt milliards, somme représentant sa dette, qui se trouvera ainsi remboursée intégralement.

———

Réduction sur toutes les cotes foncières des deux tiers de l'impôt les grevant actuellement.

Le total des *cotes* foncières en 1880 étant, en chiffres ronds, de quatorze millions et le chiffre total des *contributions* foncières en principal étant, en 1880, de cent soixante-treize millions neuf-cent-cinquante mille francs, il est évident que les cent millions hérités chaque année par l'Etat, étant appliqué au dégrèvement des cotes foncières, il en résulterait au profit de ces dernières une réduction de près des deux tiers.

Quatorze millions de propriétaires fonciers verraient donc ainsi leurs cotes réduits aux deux tiers de leur montant actuel !

Préférerait-on que le dégrèvement de cent millions profitât à la fois à la contribution foncière,

dont le total, en 1880, est de	173,950,000
A la contribution personnelle et mobilière, dont le total est de	60,957,000
A la contribution des portes et fenètres, dont le total est de	42,035,400
A la contribution des patentes, dont le total est de	99,891,100
Total . . .	376,833,500

Dans ce cas, ces quatre catégories de cotes de contributions directes réunies, se trouveraient réduites de plus d'un quart par l'application des cent millions hérités par l'Etat et employés à leur dégrèvement.

Il resterait évidemment à payer par chaque imposé actuel, les centimes additionnels afférents à chacune de leurs cotes respectives, mais l'impôt des centimes additionnels est particulièrement profitable à la communauté dont ressort chaque citoyen ; cet impôt est d'ailleurs facultatif à ceux qui le votent et en profitent directement, et il est rendu en quelque sorte à chacun, par les avantages tout spéciaux qu'en retire chaque communaliste.

TABLEAU DES QUATRE CONTRIBUTIONS DIRECTES EN PRINCIPAL ET CENTIMES ADDITIONNELS

Pour les Exercices — 1858 et 1878.

NATURE ET OBJET des IMPOSITIONS	ANNÉES	CONTRIBUTION FONCIÈRE	CONTRIBUTION PERSONNELLE ET MOBILIÈRE	CONTRIBUTION des PORTES ET FENÊTRES	CONTRIBUTION DES PATENTES	TOTAUX	TAXE D'AVERTISSEMENTS
Total principal des contributions.	1858	162.200.000	36.700.000	27.500.000	41.000.000	267.800.000 (A)	875.000
Total avec les cent. additionnels.	1858	273.442.177	66.815.015	41.111.867	63.262.004	445.536.063	compris dans le total (A)
Total principal des contributions.	1878	173.000.000	50.700.000	35.500.000	80.000.000	339.200.000 (B)	989.000
Total avec les cent. additionnels	1878	343.477.706	109.830.897	65.987.238	181.201.962	701.486.803	compris dans le total (B)

TABLEAU DES COTES FONCIÈRES

en 1858, 60 et 73

Rapport de leur produit comparé à celui de l'impôt

TOTAL principal de L'IMPÔT	ANNÉES	TOTAL DES COTES FONCIÈRES	MOYENNE DU PRODUIT des cotes
162.200.000	1858	13.118.723 × 12 50	163.984.037
163.400.000	1860	13.350.000 × 12 50	166.875.000
169.368.138	1873	13.863.793 × 12 50	173.297.452

Douze millions de propriétaires affranchis
de l'impôt foncier.

M. Block a dressé en 1858, le tableau ci-après reproduit page 72, et qui n'a pas, que nous sachions, été refait depuis cette époque.

Dans l'impossibilité où nous étions de faire un semblable travail, demandant un temps considérable et le concours des nombreux fonctionnaires attachés à l'admininistration des Contributions directes, nous avons, sur le tableau dressé par M. Block en 1858, basé nos calculs et la démonstration pratique et théorique de la proposition ci-après exposée ; il va sans dire que les chiffres rétrospectifs que nous relevons dans le tableau de M. Block ne peuvent concorder avec les chiffres budgétaires de 1880, attendu que depuis 22 ans le nombre des cotes foncières s'est sensiblement accru et que l'impôt foncier en principal et surtout en centimes additionnels a considérablement augmenté (voir tableau page 68). Mais, toute proportion gardée, il sera facile de conclure que ce qui est constaté et démontré en 1858, doit, sauf certaines modifications de chiffres, être aussi concluant en 1880.

Le tableau des cotes foncières dressé par M. Block contenait une lacune que nous avons dû combler en ajoutant une colonne indiquant pour chaque catégorie de cote, la moyenne de leur produit. Nous avions un impérieux besoin de connaître cette moyenne pour établir les bases de nos solutions pratiques, et dans le silence gardé par M. Block sur la manière dont il avait opéré pour calculer le nombre de chaque catégorie de cotes, nous avons longtemps été anxieux, en constatant que le total de la

moyenne des cotes donnait un produit de beaucoup su-
périeur au chiffre de l'impôt foncier en principal porté au
budget de 1858.

Nous avons fini par supposer que M. Block avait dû
opérer en réunissant à l'impôt principal les centimes additionnels ; mais encore le chiffre total des *moyennes*
figurant à la colonne par nous ajoutée au tableau de
M. Block, pour indiquer le *quantum* du produit de chaque
catégorie de cotes ne concorde nullement avec le chiffre
total de l'impôt foncier en principal augmenté des centimes additionnels porté au budget de l'année 1858.

Le total du produit des cotes relevées au tableau de
M. Block dépasse en effet de 38,578,270 fr. le total des
contributions directes, impôt en principal et centimes additionnels de l'exercice 1858.

Quoi qu'il en soit, prenant tels qu'ils sont les chiffres du
tableau de M. Block, nous en tirons, faute de notions
plus exactes, les conclusions utiles à la démonstration de
notre proposition.

Nous avons dû également, pour donner un aperçu des
modifications survenues depuis vingt ans dans les chiffres
budgétaires, dresser un tableau des quatre contributions
directes, en principal et centimes additionnels pour les
exercices 1858 et 1878 (voir page 68).

On se rendra compte ainsi, à vingt ans de distance, des
augmentations considérables survenues dans la perception
des impôts, non en ce qui est de l'impôt principal, à onze
millions près le même ; mais des centimes additionnels
qui ont progressé et progressent chaque année de plus en
plus sensiblement.

Étant donné ces explications un peu longues, mais
nécessaires à l'intelligence de ce qui va suivre, voici le
tableau dressé par M. Block des cotes foncières en 1858 :

TABLEAU DES COTES FONCIÈRES EN 1858

ET DE LEUR PRODUIT MOYEN EN PRINCIPAL ET CENTIMES ADDITIONNELS

CATÉGORIES DES COTES	NOMBRE DES COTES	COÉFFICIENTS	MOYENNE DU PRODUIT de chaque catégorie DE COTES
Au-dessous de 5 fr.............	6.686.948	× 2 50	16.717.370
De 5 f. à 10 f............	2.015.373	× 7 50	15.115.297
De 10 f. à 20 fr........	1.744 436	× 15 »	26.166.540
De 20 f. à 30 fr	821.852	× 25 »	20.546.300
De 30 f. à 50 fr.........	758.376	× 40 »	30.355.040
De 50 f. à 100 fr	609 562	× 75 »	45.717.150
De 100 f. à 300 fr	368 631	× 200 »	73.726.200
De 300 f. à 500 fr.........	59.842	× 400 »	23.936.800
De 500 f. à 1.000 fr.........	37.333	× 750 »	27.999.750
De 1.000 f. et au-dessus......	15.870	× 2000 »	31.740.000
TOTAUX......	13.118.723		312.020.447

Additionnons maintenant, d'une part les cotes dont la valeur portée sur le tableau est de 1 à 50 fr., et d'autre part, le produit moyen des mêmes cotes ; nous trouverons que le nombre des cotes de 1 à 50 fr. est de 12,027,485 et le total de leur produit est de 108,900,547 fr.

Or, par l'application des cent millions hérités chaque année par l'État, les douze millions, en chiffres ronds, de cotes produisant, également en chiffres ronds, la somme de cent millons se trouveront soldés ou éteints.

Conséquemment, douze millions de propriétaires ou d'individus possédant diverses parcelles de terres, se trouveront bien réellement affranchis de tout impôt foncier, soit en principal, soit en centimes additionnels. Mais ce résultat n'est pas vraiment le but absolu que nous poursuivons.

Il peut et doit se trouver, parmi les titulaires, des cotes foncières au-dessous de cinquante francs, des propriétaires possesseurs de plusieurs parcelles cotées dans diverses communes et dont le total des cotes individuelles s'élève à plus de cinquante francs. Or, ce que nous voulons, c'est dégrever de l'impôt foncier les seuls propriétaires payant dans une ou plusieurs communes, pour une ou diverses parcelles, des cotes foncières dont le total ne s'élève pas à plus de cinquante francs ; il y aura donc un travail d'élimination à faire par les contrôleurs de l'État, et en même temps une justification à fournir par la catégorie de propriétaires, établissant qu'ils ne paient pas en France une somme d'impôt foncier au-dessus de 50 francs.

On comprend facilement qu'il résultera de cette façon de procéder une diminution considérable du nombre des cotes de 1 franc à 50 francs, appelées à bénéficier au profit de leurs titulaires, des privilèges réservés aux seuls propriétaires ne payant pas au-delà de 50 fr. d'impôt foncier en totalité.

Conséquemment à la suite des éliminations des cotes multiples de 1 à 50 fr. formant un total dépassant ce chiffre maximum, il s'ensuivra tout naturellement, et croyons-nous, très-équitablement que le nombre des petits propriétaires se trouvant appelés à bénéficier de l'exemption de l'impôt foncier sera beaucoup plus considérable, après

5

cette élimination des multiples cotes minimes, dont les titulaires sont, en somme, de gros et riches propriétaires.

L'expérience et la pratique nous fixeront bientôt sur le nombre des cotes libérées et des propriétaires affranchis, nous ne pouvons à cet égard exprimer ici des données qui ne seraient basées que sur de simples conjectures. Ce qu'il nous est cependant permis de prétendre et d'affirmer, c'est qu'en l'état, étant prouvé que douze millions de cotes ne s'élevant pas au dessus de la somme de 50 francs produisent cent millions, il est incontestable que, si l'on retranche de ces douze millions de cotes au-dessous de 50 fr. un nombre quelconque de ces cotes, ce nombre sera important. Et, au lieu de fixer au chiffre de 50 fr. l'exemption d'impôt, on arrivera peut-être à celui de 60 ou 70 fr.

Ce n'est encore là qu'une partie de la réalisation de nos projets. Pour atteindre réellement le but que nous visons, nous voudrions supprimer entièrement l'impôt foncier en principal.

A notre avis, et c'est avant le nôtre celui de Montesquieu :

« L'impôt indirect est celui des peuples les plus avan-
« cés dans la civilisation, tandis que l'impôt direct est
« celui des peuples barbares. »

Nous voudrions donc faire disparaître l'impôt foncier ; et que faudrait-il pour en arriver là ? Nous avons trouvé le moyen délibérer douze millions de cotes grevées d'une somme de centimes additionnels doublant presque l'impôt principal. Eh bien, nous trouverions juste que la somme de cent millions hérités chaque année par l'Etat, servît à éteindre seulement l'impôt foncier en principal. En 1858 sa totalité était de 162,200,000 fr., aujourd'hui il est de 173,950,000 fr., on voit donc qu'avec la somme héritée par l'Etat ce sont à peu près les deux tiers de l'impôt foncier en principal qui disparaîtrait.

L'impôt des centimes additionnels formant un fonds de secours et de non valeurs qui revient aux contribuables, est un impôt, pour ainsi dire, facultatif. Chaque année les communautés et leurs représentants aux Conseils départementaux s'imposent volontairement une contribution souvent fort lourde et surtout croissante en ces derniers temps; mais cet impôt n'a pas le même caractère féodal, ni la même origine absolue et obligatoire que l'impôt foncier, lequel est immuable et depuis des siècles en France imprime à la posssesion territoriale comme un stigmate de servilisme et de glèbe !

« La terre libre dans la France libre », dans un prochain avenir, telle assurément sera la loi ; et ce qui serait, ce qui sera peut-être l'un des plus magnifiques résultats de la réforme successorale c'est que, si l'Etat héritait ainsi qu'il est établi au tableau synoptique (p. 48) de 371,656,800 fr., toutes les cotes foncières, personnelles et mobilières des portes et fenêtres et des patentes s'élevant ensemble à la somme de 376,833,500 fr. (voir pag. 66) seraient soldées par l'Etat héritier.

Alors, plus d'impôts forcés en France, plus d'impôts *directs*. La terre affranchie, le commerce libre, quel triomphe pour la France, donnant l'exemple d'une telle réforme libérale à toutes les nations civilisées !

Dotation de tous les Français contractant mariage.

———

Sur une population de trente-six millions d'âmes, on compte annuellement en France trois-cent mille mariages.

Or, avec les cent millions par an hérités par l'Etat, on pourrait doter à l'avenir chaque couple d'une somme s'élevant à un peu plus de trois-cents francs, ou donner à chaque couple environ 16 ares de terre, étant acquis que l'hectare vaut en moyenne deux mille francs.

Mais, d'une part, sur les trois cent mille mariages célébrés annuellement, cent-cinquante mille environ appartenant à la classe moyenne et aisée, on pourrait porter la dot des cent-cinquante mille couples ne possédant aucuns biens, ou dont les biens ne paieraient qu'une cote de 1 à 10 ou à 20 francs, à six cents francs, soit à trente-deux ares de terre.

Et d'autre part, l'hectare de terre étant au prix de deux mille francs, évaluée de beaucoup en dessous de sa réelle valeur, on voit que la dot faite à chaque couple serait un avantage très grand et la source d'un bien-être social aussi profitable à tous au point de vue physique qu'au point de vue moral.

———

Tous les Français propriétaires, capitalistes ou rentiers.

La population de la France est d'environ trente-six millions d'âmes.

Le rapport des naissances aux décès étant à peu près égal ; il s'ensuit, étant donné que la vie moyenne est un peu au dessus de trente-cinq ans, qu'il naît un million d'individus par an et qu'il en disparaît environ un million dans le même laps de temps.

Or, si l'Etat héritait chaque année d'une somme de cent millions, en affectant cette somme à une dotation pour chaque individu né dans l'année, cela ferait cent francs pour chacun.

Cent francs capitalisés pendant vingt ans, forment au bout de cette période par les intérêts composés, une somme pour chaque individu né, par exemple ,en 1880, un capital d'environ trois cent francs en 1900 ; donc, en 1915, c'est-à-dire dans trente-cinq ans, tous les Français majeurs, sauf ceux dépassant à cette époque l'âge de trente-cinq ans, se trouveraient en possession d'un capital de trois-cents francs. Si, au lieu de payer à chaque individu arrivé à l'âge de vingt ans la somme capitalisée susdite, l'Etat capitalisait au cinq pour cent la somme de cent francs revenant à chaque individu le jour de sa naissance jusqu'au jour où cet individu atteindrait sa soixantième année, une somme de 1850 fr. environ lui serait acquise par les intérèts composés du capital de 100 fr.

Or, de 1 jour à 60 ans, environ les deux tiers des individus nés dans la même année disparaissant, le tiers des

individus atteignant leur soixantième année bénéficierait donc des sommes capitalisées au nom des lindividus
décédés avant d'avoir atteint cet âge ; en sorte que les
survivants auraient à toucher, le jour de leurs soixante ans
révolus, trois fois la somme de 1,850 fr., soit 5,550 fr.

Prenons maintenant comme exemple, dans les tables
du Crédit viager le taux d'émission des obligations de
500 fr., capital nominal produisant 25 fr. d'intérêts. Nous
verrons qu'à l'âge de 60 ans, le prix d'une obligation est
de 248 francs. Or, en employant la somme de 5,550 fr.
à l'acquisition d'obligations susdites au prix de 248 fr.,
nous aurons 21 obligations, lesquelles rapporteront la
somme annuelle et viagère de *cinq-cent-vingt-cinq*
francs.

Cinq-cent-vingt-cinq francs de rente viagère, voilà
donc la somme qui reviendrait à tout individu français,
atteignant sa soixantième année.

En résumé, par ces diverses combinaisons, en admettant qu'une somme seulement de cent millions fût héritée
chaque année par l'Etat, ainsi qu'il est ci-dessus expli-
qué, tout français arrivé à l'âge de vingt ans, se trouverait (les femmes comprises bien entendu) avoir droit à un
capital de *trois-cents francs,* ou a une rente annuelle et
viagère de *cinq-cent-vingt-cinq francs* , à l'âge de
soixante ans.

Extinction du paupérisme.

L'extinction du paupérisme est un problème demeuré insoluble jusqu'à ce jour ; il y aura toujours des pauvres quoi que l'on fasse et quoi que l'on s'efforce de faire pour atténuer cette loi surnaturelle qui ne semble avoir été promulguée par la Providence que pour servir de sanction aux lois régissant l'existence humaine et disposant qu'à chacun en ce monde revient la part qui lui est due selon ses vertus, ses mérites, sa conduite et son travail !

Nous croyons avoir démontré par ce qui précède la possibilité, soit de doter d'un petit pécule, ou de quelques mètres de terrain tous les individus naissant sans fortune ; soit de doter de la même manière les personnes déshéritées de tous biens et voulant se marier. Soit enfin de constituer une rente viagère à toutes celles parvenues à l'âge de soixante ans !

Nous n'avons point la prétention d'affirmer que nous avons résolu le problème insoluble de l'extinction de la misère, mais nous espérons avoir utilement démontré et mathématiquement prouvé qu'à un moment donné, tout individu naissant en France pourra posséder soit un capital, soit une rente, soit une parcelle de terrain.

Beaucoup assurément ne sauront point faire fructifier ce germe de fortune, mais de fait le *prolétariat* se trouvera aboli, chacun ayant désormais en naissant un petit patrimoine.

Ce ne sera pas une fortune, mais jusqu'à présent, combien d'individus après une longue vie n'ont pu acquérir un coin de terre aussi grand, s'amasser un capital aussi fort et se constituer pour leur vieillesse une rente aussi importante !

CONCLUSION

Il existe assurément une foule d'autres combinaisons dont l'application pourrait être faite pour le bien de tous, au moyen des ressources nouvelles créées à l'Etat par l'adoption de notre Réforme successorale.

Mais sans nous arrêter davantage à la recherche d'autres applications, d'autres résultats que ceux ci-dessus exposés, nous estimons qu'il est impossible de méconnaître tous les avantages réels, utiles et pratiques découlant de notre proposition.

En étudiant les divers corollaires dérivant des théorèmes dont nous avons donné les formules en tête de cet ouvrage, on y rencontrera des solutions incontestablement mathématiques, pratiques, morales et humanitaires.

On pourra nous objecter, en ce qui concerne l'extinction de la dette publique, le peu de propension qu'éprouve généralement la génération actuelle à exonérer les générations futures des charges qui pourront leur incomber.

A cela nous n'avons aucune réponse à faire, chacun ayant en tel sujet une opinion qu'il serait, comme toute opinion, plus facile de combattre que de vaincre.

On pourra nous objecter encore qu'il faudra payer pendant cinquante ans l'intérêt de la dette actuelle, tel qu'on le paie aujourd'hui. A cela il n'y a qu'un mot à répondre, c'est que dans cinquante ans on aura toujours la même dette à payer, si l'on ne prend pas des moyens pour en opérer l'amortissement.

A l'égard de la réduction de toutes les cotes foncières, on nous objectera sans doute, qu'il est peu équitable de faire bénéfier seuls les détenteurs de la fortune immobilière au préjudice des commerçants et industriels les plus surchargés de taxes et d'impôts indirects. A cette objection nous répondrons deux choses : l'Etat doit rendre à la fortune immobilière ce qu'il reçoit de la fortune immobilière ; agir autrement serait ne pas administrer en bon père de famille ; et en ce qui est des lourdes charges grevant d'impôts indirects les industries de toutes sortes, nous répèterons avec Montesquieu :

« L'impôt indirect est celui des peuples les plus avancés dans la civilisation, tandis que l'impôt direct est celui des peuples barbares. »

Donc, la France civilisée doit supprimer l'impôt barbare !

Quelqu'un nous accusera-t-il de vouloir ressusciter le régime des privilèges en préconisant le dégrèvement et l'affranchissement de tout impôt, de douze millions seulement de pauvres agriculteurs ? notre reponse sera l'expression d'une opinion personnelle, mais que partagera, croyons-nous, la majorité des esprits libéraux et progressistes de notre siècle.

Oui, au contraire des anciennes constitutions affranchissant de l'impôt la noblesse et le clergé, nous estimons qu'il est juste et équitable que la classe pauvre agricole soit privilégiée, en ne payant aucun impôt foncier au dessous de la taxe de cinquante francs.

Nous voudrions qu'il fût possible d'affranchir de tout impôt foncier tous les possesseurs de terres françaises. — La terre franche et libre, — voilà ce que nous voudrions, ce que nous désirerions, afin de rendre à l'agriculture, cette nourrice de la patrie, cette mamelle de la France, toutes les facilités dont elle a besoin pour recruter, rémunérer et récompenser la pacifique milice ouvrière dévouant et consacrant son existence aux nobles et utiles labeurs de la culture des champs.

On fait ce que l'on doit en faisant ce que l'on peut, et nous estimons que le gouvernement qui saura innover et adopter ce système réellement progressiste, libéral, équitable et humanitaire, sera vraiment réputé populaire et sympathique à tous.

Rarement est-il possible, en fait de loi fiscale, d'augmenter les recettes sans créer de nouveaux impôts ou sans surélever ceux existants. En l'espèce et par le moyen que nous proposons, sans diminuer les recettes actuelles on arrive, dans une période déterminée et relativement prochaine, à dégrever de l'impôt toute une catégorie nombreuse de citoyens peu fortunés, sans grever et surtaxer d'un centime la catégorie des citoyens aisés, dont la cote demeurerait telle qu'elle est à cette heure.

L'Etat, déshéritant les collatéraux oubliés de leurs parents, rendrait aux grands déshérités de ce monde, aux pauvres agriculteurs gagnant péniblement leur vie, la portion dominicale prélevée par le collecteur sur la meilleure part du fruit de leur labeur.

Chacun doit à la société tout ce qu'il peut. Le pauvre soutient l'Etat en consacrant ses bras et ceux de ses enfants à cultiver la terre, notre mère commune.

Le riche doit soutenir l'Etat, en acquittant l'impôt dans la mesure proportionnelle de sa fortune !...

En terminant cet exposé, nous ne reviendrons point sur les questions d'ordre public, d'ordre moral, d'entière indépendance laissée à chacun, d'opportunité et de profit pour l'Etat et pour la société tout entière ; toutes questions, auxquelles nous n'avons touché, dans notre étude, que pour les indiquer en les effleurant ; laissant à l'opinion publique, aux jurisconsultes et aux législateurs le soin d'en tirer toutes les conséquences, d'en faire ressortir la portée et de faire valoir ou de critiquer les avantages pratiques de nos théorèmes.

Nous avons eherché simplement à résumer ces avantages aussi consciencieusement et aussi juridiquement que nos minces connaissances et notre inexpérience en aussi graves questions, ont permis à notre esprit de les concevoir et à notre plume peu exercée de les présenter au public en notre rédaction.

Des six exemples que nous avons présentés comme application utile et pratique, nous ne savons auquel s'arrêtera de préférence l'esprit public. Quant à nous, nous les voudrions tous voir réaliser à la fois, et à notre avis la chose est possible ; estimant que la portion des biens hérités chaque année par l'État ne sera pas seulement de 100 millions, mais de six cents, étant donné l'accroissement chaque année plus considérable de la fortune publique et les dissimulations faites jusqu'à ce jour au fisc de la plus grande partie des valeurs mobilières successorales.

Quoi qu'il en soit, ce que nous tenons à constater une fois de plus et à affirmer avant de déposer la plume, c'est l'impossibilité absolue, croyons-nous, que l'on puisse trouver en notre proposition aucune doctrine draconienne, aucune atteinte aux droits sacrés de la famille et de la morale, aucune violence faite aux intérêts de qui que ce soit, aucune attaque contre la liberté et l'indépendance des citoyens.

La constitution politique de la nation française étant de nos jours démocratique ; chaque membre de la société ayant un droit et une part de souveraineté à exercer et conséquemment l'Etat étant la chose de tous, l'intérêt de chacun est de considérer l'Etat comme l'administrateur anonyme et vigilant des intérêts de la société !

L'Etat, nous l'avons dit, c'est nous tous. Le gouvernement n'a pas d'autre force, d'autre richesse que la force et la richesse des citoyens.

Enrichir l'Etat ce n'est point appauvrir la nation ; c'est donner le pouvoir et les moyens à l'Etat de réaliser les réformes utiles au bien de tous.

Accorder à l'Etat le droit d'hériter des citoyens n'ayant pas d'ascendants et de descendants directs, de frères, de sœurs ou de conjoints ;

Préférer, en ce cas, l'Etat qui représente la grande famille française ; qui est, du consentement et par le fait de la volonté nationale, l'administrateur et le régent de la chose de tous ; — préférer l'Etat ainsi constitué à des collatéraux ne représentant la vraie famille d'aucun individu, ne se rattachant à elle que par une origine commune et lointaine de l'auteur primordial ; c'est agir logiquement, politiquement, équitablement et, croyons-nous, patriotiquement ; c'est, comme nous l'avons mis en relief dès le début, corroborer la décision et compléter la pensée du législateur actuel, reconnaissant qu'au delà du douzième degré la famille *proprement dite* n'existe plus *en tant qu'héritier*.

La vraie famille étant donc uniquement celle ayant pour auteur et seul chef un père commun à tous ses membres, la seule famille habile à succéder à cette vraie famille ne peut être que la *grande famille* personnifiée par l'État, qui en est le véritable père et le chef reconnu et acclamé par la majorité des citoyens français !

L'obligation de disposer de ses biens par testament ou donation n'est créée, prescrite et imposée en notre projet de loi, nous ne saurions assez le redire, qu'à l'individu sans ascendants et descendants directs, sans conjoint et sans frères et sœurs à lui survivant.

« L'obligation de tester pour transmettre à des collatéraux un héritage », c'est là toute l'innovation, toute la portée, le seul but et la conséquence primordiale de la nouvelle loi, et nous estimons qu'au degré de civilisation actuelle de la nation française, l'instruction étant généralement répandue et chaque jour se vulgarisant davantage, l'État a le droit, le devoir et l'obligation de revendiquer pour les citoyens et de leur imposer, dans l'intérêt de la société et pour le bien de chacun des membres qui la composent, une manifestation authentique de leur volonté, établissant, instituant et désignant formellement l'héritier ou le successeur qu'ils entendent investir de leurs biens.

Nous estimons en cela que, loin de diminuer la somme des libertés humaines, c'est en accroître grandement et en dignement estimer la souveraine valeur, que de proclamer et de requérir la manifestation de la volonté des citoyens, jusqu'au delà de la tombe !

Qui donc pourrait se plaindre de cette extension libre et suprême de la volonté de tous ; et qui pourrait blâmer le législateur de proclamer légalement cette liberté, au respect et à l'observation de laquelle il imposerait une sanction, « celle de l'*Etat héritier*, en cas d'infraction aux dispositions édictées en la loi nouvelle ? »

D'aucuns se plaindraient-ils des frais résultants, pour le possesseur illettré, d'un testament public ou d'une donation ? Nous répondrons simplement à ces Burgraves économes de l'empereur Justinien : « Mieux vaut généreusement salarier le notaire dont le ministère assure sans procès la transmission des biens à des héritiers choisis et institués par vous, qu'exposer presque sûrement des collatéraux à payer grassement les avocats chargés de débrouiller devant les tribunaux leurs droits à vos héritages. »

Telles sont les explications que nous avions à présenter à l'appui de notre Réforme successorale. Et, fermement persuadés que tout homme de bonne foi dira avec nous, « qu'un tel système n'impose nullement l'obligation pour personne d'abandonner son bien, soit à l'Etat, soit aux pauvres, mais veut simplement qu'à défaut de manifestation expresse de volonté du possesseur actuel, l'Etat soit substitué aux droits successifs des collatéraux, » nous résumerons en deux mots ce projet, en le livrant à la critique du public, ce grand justicier devant lequel tremblent surtout les innovateurs :

Liberté entière,
Liberté pour tous,

de disposer de ses biens, comme chacun l'entendra et en faveur de qui bon lui semblera ; mais affirmation obligatoire de volonté, au cas où le possesseur défunt ne laisse ni ascendants, ni descendants directs, ni conjoints, ni frères et sœurs.

Ainsi exposée, ainsi comprise, ainsi réalisée, nous avons l'espoir et la ferme confiance, que notre proposition sera reconnue pratique, utile, opportune et conforme à l'état de nos mœurs actuelles, aussi bien qu'au respect dû aux droits sacrés de la famille et de la propriété.

PH. DE MONTRAVEL.

TABLE

PREMIÈRE PARTIE

DEUXIÈME PARTIE

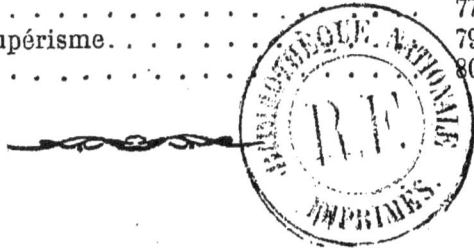

www.ingramcontent.com/pod-product-compliance
Lightning Source LLC
Chambersburg PA
CBHW050600210326
41521CB00008B/1049